山に登る愉しみ、森を歩く歓び

——内外の山旅エッセイ

武田 信照

22世紀アート

はじめに

本書は、〃山歩き＝山旅の自分史〃といった性格のものであるが、これを書く直接のきっかけになったのは、所属する「ふわく山の会」（入会資格は40歳以上）の創立40周年を祝う記念誌（２０１９年）に執筆を依頼されて、「人生の節目と山歩き」という短いエッセイを書いたことであった。普段は「ふわく」と略称されるこの山の会は、現在会員数７１０名を数え、おそらく東海地方では最大規模の山の会である。ちょうど執筆時、私も80歳の傘寿の年を迎えていたこともあって、この際私が山歩きを趣味とするにいたった経緯や、山と森のどこに魅力を感じたのかといった点を含めて、山歩きを好む人にとっては平凡なものでしかないとしても、これまで愉しんできた山歩きの経験をまとめてみようかという気持ちが生れてきた。こうしたきっかけを作っていただいた記念誌の編集者に感謝したい。ただ記憶だけで書くとなると、忘れていることも多く、また記憶していると思っていることでも、実は不正確であるという恐れも避けがたい。しかしこの点では、自らの山歩きの経験を綴る上で大変役に立つ「資料」があった。それは私が書き溜めた日記である。

前編第１章に書いたことだが、私は40歳を前にして筋肉の病気に罹った。日記はもともとは、当初余命5年と診断されたことから、まだ小学校低学年であった子供たちに、症状の推移や治療の状況を記すいわば「闘病記」として残すつもりで書きはじめたものであった。日記であるから、病気以外の日常的事柄も記載する。幸い病の原因というべき運動神経障害が進行せず、後になればなるほど日記本来のこうした日常的事柄の記載が、時に応じて社会的事柄およびそれへの感想などをも綴りながら、その中心になった。その中には、当然山歩きも含まれる。日記を書くことは習慣化して、書きはじめて以来一度も欠けた日はない。稀にだがどうしても書けない情況の日には、翌日か翌々日に補っている。日によって長短、精粗の差はあるが、普段はルーズリーフに書き、海外山行の場合はメモ帳や日程表に書いてバインダーにまとめた40数年にわたる日記は、本棚の一段では収まりきれない分量になっている。本書の執筆にあたって、内外の山歩きの部分を日記からリストアップして一覧化し、必要に応じて当該部分の日記を読み返した。本書では、その日記をもとに、思い起こした記憶や他の資料などでそれを補いながら、山行の様子を記述した。日記の一部分を直接引いたところも少なくない。

本書は前編と後編に分かれている。前編では、「人生の節目と山歩き」「森の魅力」「山と文学」「山の事故」という山や森に関わる四つのテーマを設定し、それに関連する自分の山歩きを織り込みながら、そのテーマに関する自分の想いを述べている。後編は、地元東海地方、日本アルプスを含めた各地の高峰、および海外各地における自分の山行の中から適宜選択して、その山行の記録を中心に、それについての感想・感慨を綴ったものであるが、登った山に関わる歴史や訪れた国への自らの関心なども随時記している。日記に引きずられて、やや山行記録風になっている点はご寛恕《かんじょ》をお願いしたい。

私の経済学史の研究生活の終盤で主要な研究対象の1人となったのは、19世紀を代表する思想家であるJ・S・ミルである。彼は資源の有限性の観点から経済成長至上主義的あり方を批判し、あわせて自然保護を強力に主張する。その主張には、自然が人間に与える喜びという観点も含まれており、今日の「生態系サービス」の考えにつながっている。１５０年前の思想家ながら、いずれも現在の焦眉《しょうび》の問題を先駆的に取り上げたものといえる。

彼はその『ミル自伝』の中で、イギリスを代表する詩人ワーズワス（私も湖水地方をハイキングした折に彼の旧居を夫婦で訪れたことがある）に触れて、その詩は「私の持つ快い感情のうちの一番強い一つ、田園の風物や自然の景色への愛に、強く訴えてくる」といい、「私の生涯のよろこびの多くはそういう自然への愛着」であったともいう。その彼の自然への愛着の最たるものが山であった。「山は若いころのピレネー行のおかげで私にとって自然美の理想であった」と記している。山への讃歌といってよい。

奇しくも、私も生涯の後半生にいたって、山と森の魅力が私を捉えて、山歩きが囲碁と並ぶ生涯の趣味となった。ことに退職後は時間的余裕もできて、それが生活の軸となった。私が主要な研究対象者と、同じ山への愛着でつながっているのは、偶然の一致としても悪い気はしない。その社会思想上の先駆性の点だけでなく、この点でも彼への共感しきりである。

本書を出版する白山書房をご紹介いただいたのは、たびたび内外の山にご一緒した登山家の岩崎元郎さんである。記してお礼を申し上げたい。

また私を山行に誘って山と森の魅力に気づかせてくれただけでなく、本書についても素稿段階で一読して貴重な指摘をしてくれた妻郁子に感謝を捧げる。

（なお、名前は初出の際のみ知る限りでフルネームとし、後は姓だけにする。また同僚の場合は姓名の後に主要担当科目名を記した。年月日、標高、時刻、年齢、人数、比率などの数字については、引用などを除いて算用数字に統一した。標高については日本の山の場合は三省堂『日本山名事典』（２００４年）に拠る。外国の山の場合は三省堂『コンサイス外国山名辞典』（１９８４年）およびツアー資料を参考にした。また以下の本文中の今年とは執筆時点＝２０１９年、去年とはその前年＝２０１８年を指す）

［追記］今回本書を電子書籍化するにあたり、ミスを訂正し、若干の補正・補充を行った。また本書を送呈した山小屋とのやりとりなど、新たに事情を追加した部分も何カ所かある。それは当該部分の末尾に追記の形で記している。内外の山行を三つ追加し、写真も若干追加している。

目次

前編【山に関わる四つのテーマ】

第1章　人生の節目と山歩き

――「山ありて、わが人生は楽し」（深田久弥）

（1）傘寿記念山行――傘山

私は昨年（2018年）7月で80歳になった。早いもので昨年がいわゆる傘寿の年である。6月17日、私の属する「ふわく山の会」（以下「ふわく」と略記）の公開山行に、中央アルプスの前山の一つ傘山《からかさ》（1542m）があったので、その名にちなんで勝手に傘寿記念山行と名づけて参加した。参加者22名の中で私が最高齢であった。登る前の自己紹介の際、傘寿記念だと話すと拍手があった。二つある登山コースの内、今回は距離も長く、標高差も大きく（約700m）、急坂を二つもつコースの方であった。中央高速道松川インターを降りて北上し、飯島町の御嶽山登山口へ。そこから途中の御嶽神社までは、九十九折りの歩きやすい登山路で、両側には貫禄を感じさせる番号をふった大木の松並木が続いていた。尾根道に出たしばらく先に急坂があり、それを登り切るといったん谷に急下降。ここから先の山頂までが一層きつい急坂で、足がふらつき気味になるところを踏ん張って登り切った。コースタイム3時間のところを2時間40分で登り、予想より少々厳しい登高であったが、ただ終始まだ鮮やかさを失わない若緑の森の中に、涼しい風も吹いて、ことに尾根道は心地よい山歩きであった。コースの両側から多分河

傘山頂上から伊那谷と南アルプスを望む

鹿蛙の声と思われる鳴き声が丁度蝉時雨のように絶えず鳴きわたっていたのも興趣をそえた。山頂には二組の数人のグループが食事中であったが、いずれも別のコースから登ってきたという話であった。山頂からの展望は東に開けていて、伊那谷とその彼方に浮かぶ南アルプスの山並みが見えた。逆に南駒ヶ岳など西の中央アルプスは、間近なのにガスに隠れていた。

同年9月6日、今度は夫婦2人で再度この山に登った。妻君も同じく昨年が傘寿で、今度は夫婦での80歳の記念山行であった。結婚55周年にもあたっていた。コースは先回とは別のやや南側からの比較的登りやすい方をとった。飯島町の町民広場まで車で入り、しばらく林道を歩いて森の中の登山路に入った。その入り口付近や登山路途中に設けられた数ヵ所ある展望所でのんびりと眺望を楽しみ、多少の急坂はあったが、カラマツとブナの森をゆっくりしたペースで歩いて2時間半で山頂に着いた。今回は最初の展望所と山頂からの、間近に見える南駒ヶ岳とその左右に延びる中央アルプスの山並みの眺めが素晴らしかった。

(2) 結婚と山歩き――多良岳、九重山

この80年を振り返ると、その幾つかの節目に山歩きが絡んでいることに気づく。それも大抵は山好きの妻君絡みである。結婚前年（1963年）、九州は佐世保の高校で同期であった現在の妻君に誘われて、佐賀・長崎県境にある多良《たら》岳（996m）に登った。この山は円錐状の火山で、日本山岳会が選定した300名山の一つである。妻君は裁判所の速記官の養成所を出て長崎地裁に速記官として勤め、当時はその佐世保支部に転任していた。私と2人だけということに躊躇があったのか、同僚の友人の夫君であったその支部の判事補の男性を誘い、3人での登山であった。この山には両県側から東西2つのコースがあるが、佐世保からだと西のコースになる。国鉄大村線の千綿駅で降り、記憶には残っていないが多分登山口まではバスを利用したのではなかろうか。それまで中学時代に伊万里の西に見える腰岳（488m）へ学校登山で登り、高校時代は学校のマラソン登山で佐世保の烏帽子岳（568m）に駆け上がり、高校の親友と実家のある伊万里から佐世保まで県境の国見山（776m）越えをやったくらいで、登山経験に乏しい私は最初、元気にまかせて早歩きをして2人を待つことを繰り返すうちに、すっかり

前列左から２人が柳田健・悦子夫妻、その右が私、その斜め後ろが妻君になる篠崎郁子（九重山麓飯田高原でのジャンボリーにて）

バテてしまった。山頂で撮った判事補との写真が残っているが、私の方は疲れ果てた情けない顔つきで写っている。

やはり同年の夏、一緒に大分県の九重《くじゅう》山群の主峰久住《くじゅう》山（１７８７ｍ）に登った。歌声運動の盛んな時代で、妻君は当時「労音」という音楽鑑賞団体に属していたが、その団体の九州規模のジャンボリーが、その夏に九重山麓の飯田高原であり、これも彼女に誘われて参加した。翌日は大集団での九重山登山であった。このジャンボリーには大学学部時代の友人の柳田健・悦子夫妻が私の誘いで関西から参加してくれて、登山後、当時大正炭坑で先鋭的な闘争を指導していた詩人谷川雁・森崎和枝夫妻を、柳田夫妻と３人で福岡県中間市に訪ねた。アポイントメントも取らず、突然の訪問にもかかわらず嫌な顔もせずに、大正行動隊の活動を懇切に説明し、大正炭坑に案内して坑夫の仲間たちを紹介してくれた。当時は石炭から石油への転換というエネルギー革命の時代で、三池炭坑に象徴されるような争議が各地で頻発していた。歴史の厳しい一局面を垣間見た忘れ難い思い出である。久住山には、記憶は判然としないが、多分長者原《ちょうじゃばる》の方から登り、溶岩で荒々しい山稜に辿り着き、山頂から牧ノ戸峠の方に下りたと思う。深田久弥の挙げる「日本百名山」への初登山であった。

ついでながらつけ加えると、後年私の足が覚束ない病後の時期に、家族4人で九重を訪れたことがある。長者原から自然探勝路の樹間を歩き、ぬかるみがちな雨ヶ池を経て、小盆地の坊ガツルに出て、法華院温泉に着いた。ここで昼食をとって温泉にも入った。ただし昼食にはカップラーメンしかなく、腹をすかせた子供たちは不満げであった。夏でもまだ人っ気の少ない素朴な感じの温泉であったが、最近テレビで見ると宿泊客も多くにぎやかに様変わりしているのに驚いた。帰路は山頂には寄らず、すがもり越えのコースをとった。とっつきは急坂であったが、坊ガツルをはさんでミヤマキリシマツツジで有名な丸みを帯びた大船《だいせん》、平治《ひいじ》の山が優美であった。

この多良岳と九重山への二つの山行が、当時大阪市立大学の大学院生で定職のない私が、足が不自由で外出もままならない母親との2人暮らしであった妻君と、いささか無鉄砲な結婚をすることの契機となった。若さの勢いというべきであろうか。

（3）病気と山歩き

a　筋肉の病

第二の節目は40歳を前にした１９７６年、筋肉の病に罹患し、入院・検査・療養の数年をすごしたことである。最初何か足の筋肉に力が入らない感じがして、国立名古屋病院を訪れた。筋電図の検査等をした結果の診断は、運動神経の異常からくる難病の筋萎縮性側索硬化症（ＡＬＳ）で、余命5年程度だということであった。すっかり動転した。この診断からくる不安は、その後長く私の心に残った。病名の確認のために、名古屋大学教授であった年上の従兄弟と京都大学医学部を出た学生時代の友人がそれぞれ副院長と知己であった中京病院と兵庫県立尼崎病院に、薦められてそれぞれ３カ月あまりと２カ月弱入院し、あらためて検査を受けた。運動神経障害だという点では共通だが、重症筋無力症やミトコンドリアの異常等の他の病気の可能性もあり、初期症状から特定の病名を確定するのも難しいので、症状の推移を確かめつつ検査を続行するようにと薦められた。病名が何であれ確実な治療法はないということであったので、こうした入院・検査と合わせ、秋田の強酸性の玉川温泉で2年にまたがる温泉療法を試み、伊豆と名古屋の病院で断食療法を試みたほか、経絡への温熱療法、鍼治療、ワクチンや漢方薬の療法などを試みたりした。効果の程は度外視して、勧められたものは全てやってみるという気持ちで、いわば手当たり次第であった。数年前、玉川温泉で岩盤浴をやっていた数人が雪崩で亡くなったという報道があった。私も滞在中は、岩盤に横たわってラジウムを含む蒸気を浴びる岩盤浴をやっていた。当時、温泉は冬季閉鎖であった。そうした治療中に、私の高校の同期で、東大医学部を出て東京の日赤病院の脳神経外科に勤めていた村田貞吉君から、名古屋大学病院の脳神経内科にこの面で権威ある先生がいるので、受診するよう助言された。多忙な先生は不在のことが何度もあったが、この医局で数年にわたって検査を受け続けた。3年ほど経った頃、筋電図の検査の医師から神経障害があまり進んでいないので、このまま推移すれば60歳までは大丈夫でしょう、そこまで生きれば御の字ではないですかといわれた。それを契機に検査を止めて、この間すっかり衰えた足の筋力を回復することに注力することにした。

この神経障害の進行具合と、前述の東洋医学的療法との因果関係はよく分からない。効果があったとしても、どれがそうだったかも分からない。ただこのうちの食事療法が、私の長男の疾病を治癒させる効果があったことは触れておく意味があると思う。長男は京都大学入学後の健康診断で血尿とタンパク尿が出ていることが分かった。その後も止まらない。1年後の春休み、担当医の勤務する三菱京都病院で、入院し生体検査を受けることになった。検査が終わって、担当医から両親そろって来院されたいとの連絡があった。不安を覚えつつ訪れると、案の定電子顕微鏡の写真を示しながら、腎臓の糸球体の5％が完全に死滅しており、他に半ば機能の失われているものもかなりあって、腎臓の濾過能力は正常の

75％になっていること、医師の管理下で通常生活は可能だが、夜勤などは駄目でスポーツは厳禁であることを告げられた。アルコール、タバコ、コーヒーも避けなければならないということであった。まだ若い長男の今後を考えると暗然たる思いであった。このＩＧＡ腎症は、４分の１程度が進行性で、そうならないためには厳格な生活管理が必要であるということでもあった。

治癒可能な方法がなさそうなので、意を決して自らが断食療法の指導を受けた大阪の甲田病院を訪ね、相談して食事療法を試みることにした。その年の８月の夏休み、それぞれ少量の玄米粉と生野菜だけの食事療法を試みた。体力が消耗し痩せていく長男を見て、躊躇もあったが、我慢して一ヵ月を経過し検査すると、血尿もタンパク尿も止まっていた。その後普通食に戻したが、半年後の検査でまた異常が出ていたので、年明け再び食事療法を試みた。それでまた血尿もタンパク尿も止まった。この療法以外に西洋医学的治療は全く受けていないが、この時期以降腎臓に全く異常はない。今53歳になるが、大学卒業後弁護士になって、弁護士会の野球チームで中心的役割を果たしていたが、それでも何の支障も出ていない。私の病気の経験が、奇しくも長男の疾病の治癒に役立ったことになる。人体にはなお未知の部分が多いことを痛感する。

前記治療のいくつかは続けながら筋力回復のために、最初は散歩から始め、歩き慣れると次に妻君同道で軽いハイキングを交えた。その程度でも足の疲れが強く、歩くのに難儀した。筋力の回復程度を確認するため、試みに県内のやや高い山に家族で登った時は、下山中に足が動かなくなり、這うようにして山を下りた。転機となったのは1984年である。6月末から7月初めにかけて尾瀬沼―尾瀬ヶ原を歩き、10月には北アルプスの涸沢カールまで登った。前者では燧ヶ岳と至仏山の高峰足下の、花々と池塘の織りなす大湿原の優しくも柔らかな景観に、後者では穂高連峰の鋭い岩峰に囲まれて、華やかな紅葉に彩られたカールの景観に魅了されるとともに、妻君の助けを借りてではあるが山歩きに多少の自信がついた。本谷橋から涸沢への登りで、軽いザックの私と重く大きいザックの妻君を見て、ある登山者に「お宅は蚤の夫婦ですね」と揶揄気味に評されたことは、はっきり記憶に残っている。

b　転機の山行――尾瀬ヶ原、涸沢カール

[尾瀬ヶ原]

尾瀬へ入ったのは1984年6月29日で、大清水から三平峠を経て、尾瀬沼のほとりの長蔵小屋に泊まった。10歳年上の愛知大学の同僚教授村長利根朗さん（日本経済史）がこの長蔵小屋の平野家とは縁戚関係で、北海道新聞を辞めて尾瀬のダム化に反対して奔走していた三代目の小屋主長靖《ちょうせい》さんは、従兄弟にあたるということであった。その従兄弟は、奔走の最中に雪の三平峠で遭難死し、その非業の死に対する村長さんによる追悼文が大学の教職員組合機関誌に掲載されたこともあった。村長さんから、そんな縁戚関係で二代目の長英《ちょうえい》さんが健在のころの学生時代に、小屋に住み込んで手伝いをしていたこと

や尾瀬の景観のもつ魅力などについてよく話に聞いていた。それもあって長蔵小屋にはある種の親しみの感情があった。

翌日、私は登頂が無理なので、燧《ひうち》ヶ岳に登った妻君とは別行動で、沼尻を経て見晴の第二長蔵小屋まで歩き、平滑の滝、三条の滝まで足を延ばし、下山した妻君と小屋で合流した。その翌日に尾瀬ヶ原を横断し、鳩待峠に出た。日記を繙くと、「梅雨時なので雨を覚悟していた。しかし第1日こそ曇りであっ

尾瀬ヶ原と燧ヶ岳と私

尾瀬ヶ原と至仏山と我が夫婦（左端の２人）

たが、第2、第3日目は晴天の幸運に恵まれた。尾瀬で最も印象的だったのは、朝・夕湿原から湧きだすような霧の幻想的な美しさ。湿原はいまワタスゲ、イワキンバイが目立つ。水芭蕉は過ぎ、ニッコウキスゲはわずかに咲き始めの中間期にあたる。三条の滝は水量多く豪快。結婚20周年、自然を満喫した、はるかな尾瀬への旅であった。」と記している。尾瀬ヶ原は２０１５年８月に夫婦で至仏山に登った際、前とは逆コースで山の鼻から尾瀬沼へ再度横断した。

［追記］この電子書籍の元となる山の本を長蔵小屋に送呈したところ、長靖さんの奥さん紀子さんから、懇切な手紙とともに紀子さんの手になる平野長英・靖子ご夫妻の『歌集　尾瀬沼のほとり』と長靖さんの遺稿集『尾瀬に死す』が送られてきた。手紙によれば、今は亡き村長さんを直接知っているのは長靖さんの末の妹の秀子さんだけで、小屋でアルバイトをしている様子も記憶にあるらしい。村長さんと長靖さんが従兄弟と聞いたのはどうも聞き違いらしく、実際は又従兄弟の関係のようだ。長蔵小屋は今は長男の太郎さんが北海道大学を出た後引き継いでいるという。次男の桂介さんは学年も学部も違うが、奇しくも私の長男とほぼ同じ時期を京都大学で過ごし、結婚後今は奥さんの実家のある松本在住だとあった。

長英ご夫妻の短歌集『尾瀬沼のほとり』は、尾瀬の四季、家族への想い、軍隊時代の経験等々が歌いあげられていて、詩情豊かなお二人の感性が全編に満ちている。長年書き留められてきたこの短歌集は期せずして、お二人の自分史、家族史となっている。長靖さんの遺稿集にも京都大学時代、北海道新聞時代の悩み多き青春時代が描かれ、また山小屋経営を決断する事情が記されていて、短い生涯ながら自分史的性格を持っている。それらの記述からは両親から受け継がれた豊かな感性的資質がうかがえる。それは絶筆となった「四季の尾瀬」に最もよく表れているように思われる。

［涸沢カール］

涸沢カールに向かったのは1984年10月5日のことであった。その日は上高地を経て横尾山荘に泊まった。翌日、渓谷の横尾谷を両岸のカバの木類の色づきに目を奪われ、左手の大きな岩壁の屏風岩を見ながら歩き、本谷橋を経て急坂を一歩一歩ゆっくりと登ると、前穂高岳が、そして奥穂高岳が見え、次第に涸沢カールが眼前に広がってきた。穂高の山並みは前日の初雪でうっすら雪化粧をしていた。雪で薄化粧した鋭い岩の高峰とカールに密生するナナカマドの絢爛たる紅葉の組み合わせは見事であった。涸沢小屋に着いて昼寝をして元気を回復した後、妻君の希望で屏風岩へのパノラマコースを途中まで歩いたが、日記に「屏風の頭の少し手前の痩せ尾根に出ると、北に槍ヶ岳が横尾本谷越しに鋭い山容を見せ、南には蝶ヶ岳、徳沢、梓川が一望の下に見渡せる。望外のことであった。」と記している。小屋は紅葉のハイシーズンで超満員。一畳に2～3人が寝る状態であった。翌朝は次第にガスが消えると、くっきりとした青空の晴天になる。「四周の眺めは筆舌に尽くしがたい。去り難い気持ちを押さえて下山する。」

と書き、また「郁子が同伴し、荷物の多くをもってくれたのでかろうじて行くことのできた旅であった。感謝あるのみ。これで涸沢程度なら、なんとか工夫すれば行ける自信ができた。」とも記している。しかし梓川沿いを上高地に向けて歩く時は、慣れない登下山でさすがに足全体の具合が悪くなっており、歩くのに難儀している。

c　病後の山行

この二つの山旅が刺激となって、この頃より山歩きが囲碁と並ぶ趣味となった。この二ついずれも山頂に立ったわけではないが、これが深田久弥流にいえば私の「山岳開眼」であった。これ以降、夫婦で、あるいは同僚と、または単独で、地元の鈴鹿から南北アルプスや八ヶ岳等々の、各地の山腹を歩き山頂に立つ山旅を楽しんだ。病気が奇貨となっての新しい楽しみであった。天候の善し悪しを含めて印象深い山行は多いが、前の節目と次の節目までの山行の中から、あえて一つずつを挙げれば、夫婦では燕岳から槍ヶ岳へのいわゆる北アルプスの表銀座を歩き、同僚とは岩手の国見温泉から秋田の孫六温泉まで秋田駒ヶ岳を横目に長い山稜を辿り、単独では会津駒ヶ岳・燧ヶ岳に登って尾瀬へのコースを歩いたことであろうか。

【北アルプス・表銀座】

黒部源流部を越えて歩いた雲の平への山行（２０００年）と並んで印象深い表銀座への夫婦での山行は、１９９５年の夏であった。８月７日、ＪＲ穂高駅前に宿をとり、翌早朝に中房温泉へ。６時10分に燕岳に向かい、合戦小屋を経て11時に立派なたたずまいの燕山荘《えんざん》に着き、一休みして燕岳（２７６３ｍ）へ往復する。燕岳は１９９０年に登って以来二度目であったが、妻君は何度も訪れていて、最も愛する山である。彼女の居室にはこの山の写真が大きなパネルに入れられて飾られている。もし自分が先に逝く場合には一摘みここに散骨してくれといわれている。我々が縦走すると聞くと、小屋主の赤沼さんが、疲れを残さないように歩いた後のストレッチの方法を懇切に教えてくれた。雲に隠れていた槍ヶ岳は、夕刻になって尖った黒い姿を見せた。夕食時に小屋主がアルプホルンの演奏を披露してくれたが、前年のスイス・アルプスのトレッキングを思い返しながらその音色を楽しんだ。翌日６時前に宿を出て、北アルプスの大展望の眺めを愉しみ、コマクサなどの咲くお花畑を愛でながら、鞍部を下りまた登って、大天井《おてんしょう》ヒュッテを経て、ヒュッテ西岳に12時に着いた。ヒュッテでは高崎から来た同じコースを歩く御夫婦と同室となり、ウイスキーを御馳走になりながら歓談を楽しんだ。

翌日は天候が崩れはじめた。５時半に出発し、水俣乗越《みずまたのっこし》に下り、その後はひたすら東鎌尾根の岩場を登る。霧の中に入ると展望も消える。一休みしたヒュッテ大槍から後は次第に風が強くなり、吹き飛ばされそうになり再三立ち止まる。槍の小屋まで５００ｍあたりから水滴となったガスが強風で吹きつけ衣類を濡らした。テントをかついだ若者のグループは、岩に必死にしがみついて浮き上がりそうになる体を支えていた。やっとの思いで槍ヶ岳山荘へ9時に着いた。この日は登高を断念して衣類を乾かし、談話室のストーブの側で備え付けの山の本を読み、また高崎の御夫婦とワインやブランデーを飲んで暇をつぶした。天候の回復を期待したが、翌日も風は収まったものの小雨が残る。高崎の御夫婦はもう一日天候の様子を見るという。我々は小雨の中を槍ヶ岳頂上（３１８０ｍ）まで、梯子場を用心しながら往復したが、展望はゼロ。後は雪渓とお花畑を見ながら、槍沢を下って槍沢ロッジに泊まった。お盆と週末を前に槍登山に向かう人で小屋は超満員。次の日天候はすっかり回復した。高崎の御夫婦の決断は吉と出たわけだ。横尾に向かう途中の槍見河原で、前日に足を踏んだ尖った槍の穂先が見えた。横尾から、徳沢、明神と辿る。聳える高峰と、全国的に珍しい化粧ヤナギの群落と清冽な川の織りなす梓川沿いを歩くのは、何度行っても飽きぬ楽しさがある。

［国見温泉～孫六温泉の山稜］

よく同行した同僚教員の山仲間は4～5人を数えるが、国見温泉から孫六温泉までのこの山稜歩きは、保住敏彦さん（経済学史）と海老澤善一さん（西洋哲学）との3人であった。２００1年の8月下旬のことである。このコースは、海老澤さんの奥さんが秋田県横手市の出身で高校の学校行事で歩いたということが背景にあって計画されたものであった。8月24日、東海・東北新幹線・田沢湖線を乗り継ぎ、赤渕駅から迎えの車で岩手県の西端に位置する国見温泉の石塚旅館に入った。東北に多い湯治宿の雰囲気であった。

岩手・秋田県境の山々の縦走は翌日の7時過ぎからスタートした。横長根に登り、大焼砂《おおやけすな》を経て、秋田駒ヶ岳の一角、ハイマツの茂る横岳（１５８３ｍ）へ。この山が縦走中の最高峰であった。秋田駒の主峰男女岳《おなめ》（１６３７ｍ）を左に見ながら、北になだらかに起伏する湯森山、笊森山《ざるもり》を越えて進み、いったん尾瀬を思わせるような池塘の広がる千沼《せんしょう》ヶ原に下りて散策し、そこから再び登りかえして乳頭山頂上に辿り着いた。その名の通り、なだらかな斜面に突起する山頂の岩は、遠望すると乳首を思わせる。後に登った安達太良山の山頂も同様な形状で、乳首と愛称されている。山頂で一休みし、後は乳頭温泉郷の孫六温泉までブナ林の中を急下降した。この下りで、保住さんの足が動かなくなり、数歩歩いては休むことの繰り返しとなった。予約時間の関係で、海老澤さんが一足早く宿に向かい、私は保住さんにつきそって、２人で超スローペースで下山し、暗くなる寸前の19時前に、やっと宿に辿り着いた。最初の尾根への登り以降は、比較的なだらかな縦走路だったが、全行程は16キロあり、３人の中では保住さんに最も強い影響が出た。所要11時間半の長丁場となった。

岩手側の山はガスに隠れがちであったが、たおやかな秋田の山々をたっぷりと眺め、また眼下に田沢湖を見下ろしながらの快適なコースであった。この山域は高山植物の宝庫ともいわれているが、アキノキリンソウ（黄）、ウメバチソウ（白）、トリカブト（紫）、ハクサンシャジン（紫）などが最盛期で、高山植物の女王コマクサ（ピンク）、ニッコウキスゲ（橙）、ウスユキソウ（白）などもなお残っていた。この山行では私にも大いに反省させられる点があった。行程途中で左の靴の裏が次第にはがれ始め、歩くのに難渋することになった。同じコースを先になり後となって歩いていた横浜のグループの方から、乳頭山頂でガムテープをもらって応急措置をとり、なんとかはがれずに済んだ。事前の点検不足である。

［会津駒ヶ岳・燧《ひうち》ヶ岳］

印象深い単独行は、富士山に次ぐ高峰の北岳、八ヶ岳連峰の赤岳から硫黄岳への縦走、勤務校の山岳部がかつて13名の遭難者を出した薬師岳などがあるが、ここでは会津駒ヶ岳と燧ヶ岳登山を挙げておく。会津駒ヶ岳に登ったのは、１９９４年9月のことであった。9月4日、浅草から東武鉄道で会津高原駅に出て、バスで檜枝岐へ行き、民宿清水屋に入った。当日はいまなお伝統が受け継がれている神社境内の檜枝岐歌舞伎の舞台などの村内見物をし、翌日、会津駒ヶ岳に登った。5時半に宿を出たが、同宿で同じ山頂を目指す、車で来ていた山形の御夫婦が、林道途中まで車に同乗させてくれた。

ブナ林を登り、針葉樹の林を抜け、草原に出ると一気に視界が広がった。駒の山頂、駒の小屋が見え、遠くに燧ヶ岳が浮かんでいる。見上げる駒の山頂は、稜線上にゆったりと曲線を描いて盛り上がっている。小屋に8時に着くが、午前中は閉鎖されていた。ここで横浜の女性グループと一緒になり、前後しながら駒の山頂（２１３２ｍ）に立ち、さらにその北の中門《ちゅうもん》岳に向かう。ここは宿の方から是非訪れなさいと助言された山であったが、その魅力は薦めどおりであった。山頂からの尾根道は、池塘を辿って、平ヶ岳から続く越後三山を西に眺めながら歩くなだらかな心地よいコースであったし、中門岳の山頂部は大小の池塘をもつ広い湿原で、視界は広大に拡がり、西に越後の山々を存分に眺めることができた。爽快な気分になる。この湿原の中の大きな池塘の縁に立つ山頂標識の側のベンチで、40分ほど極楽気分を味わった。小屋に戻ると、七入方面から早稲田大学の学生集団が続々とやってくる。体育実技授業の一環らしい。下山は登りとは別コースをとり、小屋から尾根道を南に辿り、大津岐峠からキリンテへ下りた。次第に足がバテバテになり、沢で大休止して足を水で冷やす。下山して村営の浴場で入浴後、ビールと裁ちそばをとるが、喉が渇き空腹でもあって何ともうまい。空腹は最良のコックであるというが、喉の渇きも同様であろう。その後バスで御池の村営ロッジに入った。

　翌朝５時半にロッジを出て、燧ヶ岳に向かう。ゴツゴツした岩を縫って少々登ると木道の延びる広沢田代と熊沢田代の湿原である。人影も見あたらず静かで、はや草紅葉が始まっていて、目をなごませてくれる。そこはかとなく季節の始まりを感じさせる風景は、季節を問わず私の最も好むものの一つである。取り付きから俎嵓《まないたぐら》頂上への登りでは、岩の多い滑りやすい急登が続いた。頂上には8時10分に着く。燧ヶ岳は双耳峰で、もう一方の柴安嵓《しばやすぐら》（２３５６ｍ）は東北以北では標高が最も高い。多分尾瀬の方からであろう登山者も結構多い。眼下に尾瀬沼が光り、四周遮るもののない大展望である。裏燧の登山コースは、最後の登りは大変だったが、静かな湿原を楽しめるいいコースであった。しばし眺望を楽しんだ後、森の中の長英新道を長蔵小屋に向けて下る。思ったよりも長かった。10時半に小屋に着く。小屋は浄化槽の大工事中で、ヘリコプターも飛来していた。ダム湖化を阻止した尾瀬の自然保護の「元祖」だけに、沼の水質保全への率先した取り組みであろう。沼山峠へゆっくり登り、バス・電車を乗り継いで東京を経て帰名した。燧ヶ岳は、尾瀬からの眺めと駒ヶ岳方面からの眺めとでは山容が全く違う。尾瀬からは双耳峰の山頂が鋭くそそり立って見え、登高意欲を誘うが、なだらかな女性的な山容の裏燧も捨て難いものがあった。

（4）退職と山歩き

a　「ふわく山の会」入会

次の節目は満70歳での定年退職である。２００９年春、40年間の勤務から解放された。60歳代の8年間は、勤務校の愛知大学の学長に選出されたが、丁度大学制度の転換期にあたっていたこともあって、その職務に忙殺されて山歩きの点では不本意な点が多かった。その反動であろうか、退職後は一方の趣味である囲碁は脇役となり、山歩きが生活の軸となった。退職直後から、堰を切ったように内外のさまざまな山に出かけて、渇望を充たした。国内の場合は、朝日カルチャー主催の月一度のハイキングを除けば、殆どが単独であった。単独行のリスクを心配する妻君に薦められて「ふわく山の会」に入会したのは72歳を目前にしてであった。今年で創立40周年を迎え、3月に記念の会がもたれた。その際の「山を楽しむ7つのヒント」と題する講演は、『山と溪谷』の萩原編集長によるもので、映像を駆使しながら山歩きの楽しみ方が手際よく語られた。私の入会前だが、この種の記念の会に、田部井淳子さんや岩崎元郎さんという著名な登山家が講演されたこともあったという。このお2人とは、近年山にご一緒する機会を得た。「ふわく」の会員数は私の入会後やや減少傾向であったが、ここ3～4年は着実に増え続けており、今は710名を超える。少し前から団塊の世代が退職の時期を迎えていることと無関係ではあるまい。組織のあり方には変遷があるようだが、今は技術と体力を基準としてアルパイン、マウンティン、ハイキングの三つに分かれている。しかし会員がどれかに属するというのではなく、公開山行の難易を示す役割を持つだけで、会員が自らの力量に応じて参加申し込みをするシステムである。入会後はこの「ふわく」の公開山行が、私の山歩きの中心となり、未経験の山々を数多く歩く機会を得たことに感謝している。スノーシューの楽しみも新たに加わった。この公開山行のうちから、退職後間もない山行で印象深いものを二つ、スノーシューを一つ記しておきたい。

b　公開山行　——　唐松岳・五竜岳、利尻岳・礼文岳、スノーシュー

［唐松岳・五竜岳］

この山の会では、7～8月に毎年「夏山山行」という行事がある。これは普段はなかなか計画しづらい数泊を要するような高峰の登山や縦走を、この時期に集中して行うものである。4月に出される計画は40ほどにのぼる。会員はその中から適宜選択する。私は２０１１年の夏山山行に唐松・五竜登山を選んだ。参加者は14人（男６人、女８人）で、リーダーは鈴木隆さん、サブが石明さん。お２人にはその後も会員有志の自主山行などで随分お世話になっている。

８月７日は美ヶ原で満開のお花畑を鑑賞しながらハイキングをして宿に入り、翌日は先ず唐松岳に向かった。リフトを乗りついで八方池山荘に行き、７時45分にそこから登高を開始した。八方池―丸山を辿って唐松小屋に11時半に着くが、コースにもシモツケソウをはじめハクサンフウロ、ウツボグサなどの赤に黄に多彩な高山植物が満開であったが、私には雪の重みで曲がりくねったダケカンバの大木の群れが印象的であった。小屋から唐松岳（２６９６ｍ）頂上へ。険しい不帰《かえらず》のキレットが眼下であった。夕食後外に出ると、ガスが大分薄れて正面に劔岳が見え隠れした。

翌日はすっきりと晴れわたり、左手に目指す五竜岳の、幾つもの深い谷筋を従えた巨大で堂々たる山塊が見える。正面遠くに、赤く染まる雲を背景に、劔岳、立山の連山が浮かんでいる。６時、五竜岳に

向けてスタートする。最初はクサリ場の連続する険しい岩の下りで、時間をかけて慎重に下るが、途中で関西学院大学ワンダー・フォーゲルの大集団と行き交った。大黒岳を経て鞍部に下り、そこから白岳

唐松小屋から五竜岳を望む

五竜岳頂上と「ふわく」の一行

へ登り、直下の五竜山荘へ９時半着。荷物を置いて山頂（２８１４ｍ）に向かうが、山頂付近は一歩間違えば滑落死しそうな岩場の連続で、やっとの思いで山頂に立つことができた。残念ながらガスが出て

きて遠望はきかないが、眼下には峻険な鹿島槍のキレットが覗いていて、身のすくむ思いがした。このキレットに挑戦することは、到底私の力に余るように思われた。小屋に戻りビールを楽しんで、翌日大遠見、小遠見を経て下山した。日記には「天候にもまずまず恵まれた。これだけの岩場の危険な上り下りは初めてだったが、ゆったりした日程とゆっくりしたペースで、体調も先ずは快調で、楽しい山旅であった。」と感想を記している。

【利尻岳・礼文岳】

翌2012年には北海道の利尻岳と礼文岳へ登った。これは会の35周年を記念して各地で「富士」と愛称されている山々、いわば「ふるさと富士」を登るという事業の一環であった。会員が手分けして、その愛称を持つ各地の代表的な山々を登る、その一部として「利尻富士」を分担したことになる。ただもともと私はこの山に憧れに近い気持ちをもっていて、機会があれば一度は是非と考えていた。山麓に長く裳裾を延ばし、島全体が円錐形の均整のとれた一つの火山で形成されている、その山容に魅きつけられていた。ただこの山は標高1721mあり、登山口が海面に近い低いところにあるので、山で宿泊せずにこれを往復するのはかなり大変である。リーダーは山のベテランの深谷敏子さんであったが、申し込み者の中で一番高齢で、会員としての経歴も浅い私の力量を大分心配されたようで、帰ってから聞くところでは、周辺の人に大丈夫かどうか打診されていたらしい。しかし申し込む以上は、自信があるのだろうと最後は参加を承認されたという。

　参加者は９人（男２人、女７人）で、７月10日、中部空港から稚内空港に飛び、フェリーで鴛泊《おしどまり》に渡った。利尻岳は雲に隠れて船上からは見えなかった。翌日４時に宿を出て、登山口へ行き、甘露泉水で喉を潤して登高を開始した。途中からポツリポツリと雨が来る。しかし長官山に着くと、それでも利尻岳山頂も周辺の景観も割によく見えた。頂上には９時50分に着いたが、この頃より本降りになり、展望も乏しく直ちに下山にかかった。９合目から頂上の部分は、登りも下りもザレ場のため滑りやすく難渋した。避難小屋で雨宿りをし、昼食をとり、少し小降りになって下山を再開したが、長官山からは再び山容がくっきりと眺められた。14時10分に登山口に着いたが、その際リーダーから「自信をもっていいですよ」と声をかけられたのは、その後の山行の励ましとなった。実はこの山に以前に登ったことのある妻君から、途中疲れが強ければ、ピストンの山行だから長官山で帰りを待ったらいいと、アドバイスされていた。しかしその必要もなく、同行者に迷惑をかけることもなく、魅惑されて久しいこの山に登下山できて満足であった。

　翌日12日に礼文島に渡り、宿に荷を預けてバスで内路に行き、11時20分、礼文岳に向かって登り始める。標高は４９０ｍで登高に問題はないが、しかし次第に雨が激しくなり、風も強くなる。山頂に向かうか戻るかの相談があったが、折角だからと計画通りとすることになる。山頂では吹き飛ばされそうな程の強風が、雨粒を体に叩きつける。ガスで展望は全くなく、直ちに下山した。強風下の雨では雨具も役に立たない。隙間から雨粒が入り込んで全身ずぶ濡れの状態になった。ウニむき体験センターまで歩き、一休みしてタクシーを呼んで宿近くの温泉に行く。身体は冷えきっていて、手足は入浴すると痛い。山に雨の経験は少なくないが、これだけの状態になるのは例外的で、後述のアイルランドのカラントゥーヒル山の場合と共に、強い印象となって残っている。宿では次の日のためにドライヤーで靴をある程度乾かした。翌日は雨はパラツク程度になり、二台のレンタカーに分乗して、スコトン岬や澄海岬などの岬巡りで島を一周し、レブンウスユキソウの見事な群生地を訪れるなどの観光をつけ加えて、この山旅を終えた。帰名の最終日14日は皮肉にも晴天で、稚内に戻るフェリーの船上から、幾分雲を帯びながらも、利尻岳の裳裾も長いその全容が鮮明に見えた。

【スノーシュー】

スノーシューに最初に参加したのは、２０１１年2月26～27日で、初日が戸隠高原で、次の日が怪無《けなし》山～瑪瑙《めのう》山であった。参加者は24人（男11人、女13人）で、リーダーは藤田源城さん、サブリーダーは東条良子さんであった。このお2人はペアで山行を組織されることが多く、私もスノーシューに限らずその山行に再々参加してお世話になっている。藤田さんはその後、会長の任にもつかれた。

初日は車で戸隠に着き、ここでスキー板をレンタルし（私を含めて6人）、昼食をとって戸隠の連山を見ながら、林間を歩いて鏡池に出た。氷結した湖面を実際に見るのは初めてのことであった。湖上を渡り、林間を戸隠神社奥社方面に歩いた。静かな林間の雪上を好みに任せて歩いて、子供の頃の雪に遊んだ楽しさを味わう心地がした。雪にずぼりと入る感触が面白い。その後のスノーシューで森の斜面を尻制動で滑る経験もしたが、これも童心に戻って雪と戯れる楽しさがあった。老年になって、こうした経験ができるとは思ってもいなかった。奥社への参道を通り植物園に出て、いこいの村に宿をとって飲酒・歓談をした。2日目は、車で怪無山リフト乗り場へ行き、インストラクターの秦さんと合流し、リフトで上がってそこからスキーコースの脇を歩いて瑪瑙山リフト乗り場へ出た。リフトで頂上に上がり、そこから一旦谷に下り、最後はスキーコースの脇を歩いて出発したリフト乗り場に戻った。両日とも好天で、戸隠連山、高妻山、黒姫山、さらには彼方に妙高山、火打山がくっきりと雄大に、白雪を纏い、あるいは谷筋を白くまだらに彩っているのがよく見えた。

凍結した鏡池と戸隠連山と「ふわく」の一行

　スノーシューは、その後も筋肉がやや不調になった2017年まで、毎冬2度参加した。八ヶ岳の八子《やし》ヶ峰を歩き、縞枯《しまがれ》山（2403m）に登ったこと、長野・群馬県境の湯ノ丸山に登ったことが、ことに印象深い。徳永紀彦さんをリーダーとして登った湯ノ丸山（２１０１ｍ）は、登高途中までは穏やかであったが、山頂はそれまでとは様違いで、寒風が強く、短時間いただけなのに耳たぶが凍傷になった。凍傷は子供の頃以来である。標識にはいわゆるえびの尻尾が張りついていた。山頂を挟んでこれだけ気象状況が一変することにも驚いた。徳永さんには、これ以外に乗鞍高原でのスノーシューやその他の山行で、随分お世話になっている。

c　海外山行 ― エヴェレスト街道（ネパール）、キナバル山（マレーシア）

海外山行では、退職まででもスイス・アルプスやニュージーランド・ミルフォード・トラックに出かけたことはあった。しかし海外の山に行くには、どうしても渡航を含めて一定の期間を必要とするので、勤務に再々穴をあけるわけにはいかないため、自ずと制限される。退職によってこうした制約から解放され、海外山行が平均して年二回に増えた。山行中天候が思わしくなく、殆ど山の展望をえられなかったヒマラヤ・アンナプルナや、風雨激しく山頂寸前で引き返したアイルランドのカラントゥーヒルの場合を除けば、ほぼ満足いく山歩きを楽しめた。いずれもいまなお印象に鮮明であるが、中でもエヴェレスト街道（ネパール）、キナバル山（ボルネオ）、インカ道（ペルー）、オーバーランド・トラック（オーストラリア）、アシニボイン山周辺（カナダ）、リシィ山（ポーランド）、マナスル西壁展望（ネパール）、フンザとカラコルム展望（パキスタン）などがことに思い出深い。

かつて3度訪れ、グリンデルワルト、ツェルマット、サンモリッツを拠点に連日トレッキングに出かけたスイスは、旅行社のツアーではなく夫婦だけの、あるいは家族での山歩きであった。その中でもミューレンから、アイガー、メンヒ、ユングフラウの雪を頂く、それぞれに特徴的な山容の3高峰を、眼下のラウターブルンネンの深い谷越しに眼前に眺めながら、時折牧場を横目にして森を抜けて歩いたトレッキングは、これが私の生涯のハイライトかと思ったほどに感動した。しかし高齢化した退職後は、山道具を詰め込んだスーツケースを持ち運ぶのが難儀なので、すべていわゆるツアーへの参加である。夫婦の場合もあれば、私ひとりの場合もある。帰途ツアーを離れて、経由する都市を観光するのもしばしばで、いわば山旅と都市観光との合体である。それらの海外山行から、退職直後の2つを選んで以下にその様子を記すことにする。

【エヴェレスト街道】

２００９年秋、「西遊旅行」社のツアーでネパールのいわゆる「エヴェレスト街道」を歩いた。実は愛知大学では、退職後2年間は非常勤で勤務することも選択できる。しかしこの山旅のためには、２週間講義を休まなければならないため、その選択肢は捨てた。11月7日に中部空港を発ち、バンコクで東京・大阪組とも合流して、ツアーリーダー西村直子さんを含めて11名で、翌日ネパールの首都カトマンドゥ

エヴェレスト街道からエヴェレスト山頂を望む

に入った。次の８日からトレッキングの開始である。国内線でその出発点のルクラ（空港は崖の上に造られていて、滑走路は傾斜していて短い）に着き、そこでガイド、ポーターと合流した。この航路は平均10年に一度くらい事故を起すそうだが２年前に事故があったので、今は大丈夫との説明があったが、少々気持悪かった。チベットとの交易で規模の大きい村落ナムチェバザールなど「街道」沿いのロッジに３泊して、右手に７０００ｍに近いカンテガ、タムセルクの高峰を眺めながら歩き、目的地のタンボチェに着いた。荷物はゾッキョと呼ばれる牛の一種の背中に括りつけて運んだ。こうした家畜の糞は、乾燥させて燃料として利用されている。タンボチェは大きなゴンパ（僧院）を中心とした集落であり、夕刻僧院内を見学したが、修行僧を含む50名あまりからなる老若の集団読経は、まるで音楽の合唱のようであった。

エヴェレストは、トレッキング２日目、急登の「ナムチェ坂」を登り切った休憩地点から、樹間にその前に連なるヌプツェの山並み越しに、その山頂を初めて小さく遠望できたが、タンボチェ到着翌日に東側尾根の小ピーク、タンボチェ・リ（４１９８ｍ）に登り、その同じ構図の景観をより大きく眺めることができた。しかしここでもエヴェレストの全容はヌプツェに遮られて、見えるのは山頂部分だけで

カトマンドゥの旧王宮とガイドしてくれた J.yoti K.hadka さん

ある。しかも残念ながら、早朝は見えていた山頂部分にも、すぐに白く薄い雲が横にたなびくようになった。しかし初めて眺めるヒマラヤの高峰群の360度の展望は圧巻である。左手にはコンデリの山並みが連なり、右手前に高低二つのピークをもつアマ・ダブラムの特徴的な山容が間近で、またヌプツェの右隣、エヴェレストの手前には世界第四位の高さを誇る8000m峰のローツェの大岩壁が悠然と控えている。ここで撮った写真は引き伸ばして、今わが家のダイニングスペースを飾っている。その写真の右に大きく写っているアマ・ダブラムは、日本語に直すと「お母さんの首飾り」という意味だそうで、地元の人からことのほか愛されているという。この展望地からは、岩の高峰ながらこの山の二つのピークはいずれも丸みを帯び、全体に鋭角的な所の比較的少ない、どことなく優しげで女性的な雰囲気を持った山容に見え、私も一遍に好きになった。いまでもヒマラヤと聞けば、まずこの山が脳裏に浮かぶ。

タンボチェ・リからエヴェレスト、ローツェ、アマ・ダブラムを望む

ルクラに向かうトレッキング最終日の前夜、女性の3人全員と男性1人が腹痛に襲われた。下痢と嘔吐だという。下痢組は食事もとらず、歩くのも辛そうであった。皆生水は取らず、火の通ったものしか食べないように注意していたのであるが、エヴェレスト街道は糞の混じったほこりが舞っていて、そこから病原菌が体内に入ってきたのかもしれない。実は私もカトマンドゥに戻った夜、経験したことのない激しい下痢と嘔吐に何度も見舞われ、眠れなかった。トレッキング中でなかったのは不幸中の幸いであったが、翌日は身体が食事を受け付けなかった。

これは辛い体験であったが、しかしカトマンドゥでは嬉しい出来事もあった。ルクラからここに戻った日は、到着後は自由時間であって、1人で市内観光に出かけた。ガイドブックを眺めてアサン広場からタルバール広場に向かったが、どこでどう間違えたのか現在地が分からなくなる。方角を若い女性に聞くと、目的地と全く反対側にいるという。信じかねていると、私を信頼しろ、案内するといって同行してくれた。高校を卒業して翌年の1月からブリティッシュ・カウンシルの奨学金でスコットランドに看護学を学びに行くという。私の目的の全コースを案内してくれただけでなく、通常の観光客の行かない暗闇の中で礼拝する寺院にもつれて行ってくれた。お礼にテキスト代にでもと思って謝礼金を渡そうとしたが、自分も案内をエンジョイしたといって受け取らない。やりとりの末、コーヒーでもといって店に行くとルピーしか駄目という。近くの「ネパール銀行」で両替をしようとしたがパスポートが必要だと言うことであった。しかし預けてあるホテルから後でパスポート番号を電話することで了解してくれた。この交渉も彼女がすべてやってくれた。両替したルピーでコーヒーとピザをご馳走し、かわいい弟の話がでたので、帰りにケーキをお土産に持ち帰ってもらった。老年の私には得難い3時間半の出来事であった。この親切はたぶん私が人畜無害に見えたからであろう。なかなかのインド系の美人で、ベジタリアンだとかで、肉屋の店先では顔をそむけていた。山に同行したメンバーと町中ですれ違ったが、一体どんな関係なのかとひとしきり話題になったという。

キナバルの最高峰ローズ・ピーク

【キナバル山】

２０１０年の9月6日、マレーシア領ボルネオのキナバル山（４０９５ｍ）登山に出かけた。この山は東南アジアの最高峰という。私を含む5人は関西空港からクアラルンプール経由でコタキナバルに飛び、直行便の東京組５人およびツアーリーダーとここで合流した。参加者は男性６人、女性４人であった。ツアーリーダーは奇しくも前年の「エヴェレスト街道」の時と同じ西村直子さんであった。

翌日、国立公園事務所で手続きを済ませ、ガイド、ポーターと合流してバスで登山口へ行く。登山口にはここで行われる山頂までを往復する山岳マラソン上位者の表示があり、日本人の１人もそこに食い込んでいた。富士一周マラソン

キナバル頂上と私

はその人の提案で始まったと、富士山を北に望む越前岳に登った折りに、宿のペンションで聞いた。10時15分に登高を開始し、ジャングルの中をゆっくりしたペースで登る。小屋まで１５００ｍの標高差だが、前夜の寝不足もあり、かなり身体にこたえて途中で断念しそうになる。しかし何とかもちこたえて、16時15分、小屋に着く。６時間の行程であった。キナバル山は途中ではガスに隠れていたが、小屋に着くとくっきりと岩の山容を見せた。ガイドとポーターは、先住民のカサダンドウスン族で、ポーターの中には10歳をいくらも出ていないと思われる少女もいたが、最も軽い荷を分担していたとはいえ、疲れを知らない。彼女を含めて少年少女のポーターに支払われたものは、彼らの学用品の購入に充てられているという話を聞いて、申し訳ない気持ちがしていた胸のつかえが少し軽くなった。登山者は欧米系が最も多いが、東南アジアからであろうか中国系もかなり多い。夜は満天の星が鮮やかに輝いていた。ハワイのマウナケア山から見た時よりもくっきりとしている印象であった。

ごく軽い朝食をとり、8日の早朝2時半過ぎに、満天の星を眺めながらヘッドランプを点けて、山頂に向けて出発する。我々のうち1人の男性は登頂に加わらなかった。急坂もあり、岩を横伝いする所もあり、簡単ではなかったが、やっとの思いで目的のローズ・ピーク直下の大きな一枚の岩盤からなる広場に出る。このあたりには奇峰が立ち並んでいて奇観に目を奪われるが、しかしここは強風が吹き抜けていて、私は一度その風で転倒させられた。男性1人がここまで登頂を断念した。数年前の地震で、かつて見たその奇峰の一つが崩れて、日本人登山者1人が亡くなったというニュースが報じられた。ここからは傾斜のきつい岩の斜面をひたすら登った。6時40分に最高峰のローズ・ピーク山頂に着く。4000m峰への登山は、私は初めてであった。四周の岩山と眼下の熱帯林の森を眺め、写真を撮りあって、7時10分下山へ。途中で集団はバラバラになり、私は登頂を断念した方と一緒になって9時40分に小屋に着いた。どこまで足が持つか、私には不安もあったが、無事ピークを踏むことができた。ガイドの話では、72歳の人を山頂に案内したのは、自分では初めてのことだったという。

巨大ウツボカズラ

午後は小屋で昼寝と雑談に過ごしたが、登頂に加わらなかった方は、実は日本山岳会会員で山のベテランだが、65歳の時、その総会が三重の湯の山温泉であり、前日鈴鹿の国見岳に登った時足を踏み外して転落し、首を打って身体が動かなくなり、岩棚の上で３日間救助を待ったという。２日目に指が少し動くようになり、携帯で救助の要請が辛うじてできたものの、位置が直ちには分からず救助にはもう１日要したらしい。その後３年間リハビリに努め、今回が友人の助けを借りながらの、その事故以来初めての高山への登山だったという。また、途中で断念した方は、今回の準備で富士登山をしてきたそうで、体力の点では問題はなかったものの、学生時代に北岳で猛吹雪に遭い、北岳山荘のトイレをこじ開けて３日間避難したが、その際足の指を何本も凍傷で失い、それ以来踏ん張りづらいところがあるようだ。山の事故・遭難の問題の深刻さをあらためて考えさせられた。

翌日の下山は、メインルートを途中で離れ、キナバル山見納めの分岐からマシウラルートを辿る。滝あり、渓谷ありという変化のある森の中のルートだが、結構アップダウンがきつい。途中に靴が入るくらいのお化けのようなウツボカズラがあった。花々は熱帯なので大きいのかと思ったが、高山のせいか小さな可憐なものが多い。蘭の種類が多様であった。帰国の途次、フライトの中継地クアラルンプールで１人別れ、私には初めての地であるこのマレーシアの首都の市内観光をしてこの山旅を締めくくった。旧植民地時代の官庁などが残るムルデカ広場、ツインタワーの建つ中心地、国立博物館などを訪れた、博物館には日本軍占領時代の一隅が設けられていて、兵服、軍刀、軍用自転車などの展示があった。観光途中分岐する電車の乗り場が分からなくなり、近くの若い男女に尋ねると、駅に案内してくれただけでなく切符まで買ってくれた。勿論辞退する彼らに代金は支払った。カトマンドゥのケースといい、旅先でのこのような親切には感動する。ただ、飛ぶ機材の不具合で、もう一泊を余儀なくされたのは想定外であった。

第2章　森の魅力

山歩きが生涯の趣味となったのは、勿論それに魅力と楽しさがあってのことである。ある雑誌の依頼で、２００１年に「山歩きの魅力」と題する短いエッセイを書いたことがある。冒頭に先述の同僚との岩手・秋田県境の山々を縦走した時のことを紹介し、後段で当時特に印象深かった二つの山行について述べているが、中段で私にとっての山歩きの魅力について次のように書いている。再録しておこう。

「病後足の筋力をつけるために20年前に始めた山歩きが、囲碁と並んで私の生涯の趣味となったのには、名古屋の女性だけの山歩きの会に所属し10日をおかず山行を重ねている妻君に刺激されたところが大きい。夫婦での山行が重なるにつれ、山の魅力が私を虜にした。今では単独の山行も多い。重い荷を背負い、急登に汗を流す苦労をなぜ好んでするのかといぶかしがる人も少なくない。しかし山には、この苦労をあえて繰り返させる魅力が数多くある。山頂から雄大な山塊を展望するのも楽しみなら、可憐で多彩な高山植物の群落を眺める喜びもある。苔むす渓流の清冽な流れに目を奪われ、鳥の声に心を癒される。汗をかく体には、谷底から上がる一陣の涼風は何ものにも代えがたい心地よい贈り物だ。しかし私にとって山のもっとも大きな魅力は森にある。森、ことに巨木の林立する深い森のなかにある時、私はそれだけで体内からわき上がる喜びを感じる。山には好天もあれば雨天もある。しかしどんな天候であっても、森を歩くことができるだけで十分に満足だ。ことに同じ緑がこれほど多彩かと思わせる新緑の時期と赤に黄に錦なす紅葉の時期の奥深い山々の魅力を伝えるのは難しい。」

このエッセイ以後、特に退職後様々な山行を新たに体験し、それぞれにまた新しい魅力を発見している。ことにわが国の山岳地帯よりもはるかにスケールの大きいヒマラヤやアルプスやカナディアン・ロッキーなどの海外山行がそれにあたる。ただここでは、当時も今も私の山歩きにとってははなはだ比重が大きく、このエッセイでも強調している森を楽しむ山歩きに絞って、その魅力について筆を加えておきたい。山に森はつきものとはいえる。しかしその中でも、ことに森の魅力を際立って感じた山行を、内外それぞれ2つ取り上げることにする。

（1）森歩きの楽しみ（i）―　簗谷山、信越トレイル

【簗谷山】

簗谷山《やなだに》（1213m）は、名泉として有名な下呂温泉のある岐阜県下呂市の西側、東海の水がめといわれる岩谷ダムの北側に位置する南飛騨の山である。この山は高さも周辺の山に比べて高いとはいえないが、展望は広く、北に大きく御嶽山が見え、またその西に乗鞍岳、さらにその奥に北アルプスが遠く

望めて悪くはない。ただ私にとって展望を求めて登る山というほど格別のものではないが、この山は私の好きな山で、都合7回登っている。山を選ぶ際に、どちらかといえばまだ登った経験のない山を優先しがちな私には珍しい。どこが私をひきつけるかといえば、何よりも全山が人工林のない広葉樹の自然林という点である。だから春の新緑の時期には瑞々しい若葉を、秋の紅葉の時期は錦なす華麗な色彩を堪能することができる。それがこの山の魅力である。というよりは森の魅力である。また登山道も、ブナの木コースと南尾根コースがあり、山頂を頂点に周回コースになっていて、登下山違った味わいの山と森の姿を楽しめる。周回コースを辿る所要時間は3時間半程度で、気軽に出かけることができる。春と秋のケースを記しておく。つけ加えておけば、この山は妻君が属する女性だけの山の会が編纂した『名古屋から行く隠れた名山64』（七賢出版　１９９５年）に紹介されている。この本で取り上げられた山々のうち、妻君も岐阜県の大狗城と奈良県の鎧岳・兜岳を担当しているが、執筆にあたって漏れがないように同行を依頼された。後者の鎧岳・兜岳は下から眺めれば、鎧岳がピラミダルな、兜岳はなだらかな、対照的な山容で並び、登っても鎧岳からの展望もよく、なかなか魅力的な山であった。

２００２年4月28日、夫婦で簗谷山に登った。三回目であった。岩谷ダムを抜け林道に入ったその突き当たりが登山口で、駐車場は満車の状態であった。この時は登りにブナの木コースをとった。10時半にスタートし、芽吹くブナ林を登って尾根道に出ると、谷を挟んで木々の間から新緑の森が広がる。ブナの緑が瑞々しい。12時に山頂に着く。岐阜山岳会の30数名が山頂を占拠して、酒盛りの最中であった。

片隅で昼食をとり、12時半早々にぎやかな山頂をあとにした。下山は南尾根コースをとり、14時に駐車場に戻った。新緑を満喫した山歩きであった。山頂付近はまだ芽吹きにいま少しの感があったが、中腹までは色合い様々な、まるで嬰児の柔肌のような若葉が森を覆っていた。ブナをはじめ、モミ、カエデ、ミズナラ、コナラ、シロダモ等々と樹種も多様で、それだけに若葉の色合いが変化に富んでいる。この多彩な若葉が夏に向けて、同じような濃い緑に変化していくのが信じられない想いだ。姿は見づらいが、小鳥も多いようで、さえずり盛んであった。マンサクに雰囲気の似た黄色のシロモジの花が満開で、あちこちに点在する淡い白色の山桜が若緑の森に彩りをそえていた。下山途中で、絶滅寸前といわれるクマガイソウの群落があり、丁度花は満開であった。登下山の全コースが楽しかったと日記に記している。帰途、この山歩きではもうすっかり定番となっている金山町の「ぬく森の里温泉」で汗を流した。

２０１４年10月25日に、秋の簗谷山を訪れた。今回は単独行であった。72歳を前にして「ふわく」に入会し、それ以後そちらの山行が中心となって、この山は6年ぶりであった。9時半に登山口から今度は南尾根コースを登る。山腹を巻くようにして高台に出て、そこから谷に下る。ごくごく小さな滝の「子鹿の涙」を経て、山頂に通ずる尾根道まで登る。山頂には11時半に着いた。中腹から山頂にかけては秋色が見頃で、黄に紅に色づく樹木に囲まれて歩くと、華やかな色彩のシャワーを浴びるかのような感じであった。思わず「素晴らしい」という言葉が口をついて出る。俳句の季語では秋を「山装う」という。華麗に装った森の色彩の饗宴であった。山頂からは、この年の9月に大爆発を起こして多数の犠牲者を出した御嶽山が、なおも大小二つの白煙を盛んに上げているのが見えた。この日は空気の澄んだ好天で、遠く北アルプスをはじめ恵那山、木曽駒ヶ岳まで見えた。残念なのは、山頂が荒れていたことで、山名を記した標識は二つに折れ、設置されている望遠鏡も機能を失っていた。展望する山名とその方角を示した円盤状の案内板も汚れていた。一組の夫婦とともに食事をとり、ブナの木コースを下山した。ブナは色づき始めであった。中腹から下部では、まだ残る緑葉と色づき始めた黄紅葉とのアンサンブルも好ましかった。13時半に登山口に着き、例によって金山の温泉を使った。

簗谷山頂上より噴煙をあげる御嶽山遠望

簗谷山秋景

この山に限らず、新緑の森も紅葉の森もいい。しかし年を経るごとにどちらかといえば新緑により心惹かれるようになってきた。一口に新緑というが、若緑の色合いは表現が困難なほど多彩で美しい。ことに陽光に照り輝く新緑はためいきが出るほどである。またこの時期、赤みを帯びたクスの若葉やシイの黄金色に輝く若葉がこんもりと盛りあがった樹相にも強く魅きつけられる。クスやシイなどの場合を考えると新緑というより、若葉というのが適当かもしれないが、ここでは新緑にこれらを含ませておこう。これらの新緑は生命の始まりを、紅葉は華やかではあってもその終焉を予感させる。自らの晩年と重ね合わせて、紅葉には何か終わりゆく寂しさを見るようになったのかもしれない。逆に新緑には新たな生命のみなぎりを感じて心弾むものがある。新緑の森には歓びがある。年を経るに従い、若い時には感じなかった嬰児や幼児にことのほかいとおしい感情を抱くようになったのと類似の気持ちの変化かもしれない。

新緑にはことのほか心のときめきを感じるが、しかし新緑に限らず、森の緑の中には安らぎがある。さまざまな新緑が濃い緑に変わり、俳句の季語で「山したたる」と表現される夏の森についても同様である。私が共感し日記にメモしておいた、新緑の燧ヶ岳のブナ林を歩いた時の心情を記したエッセイの一部と、ヒトがなぜ緑に心なごむかを論じた講演の一部を、日記から写しておく。

「私は、特に新緑の時期に歩くのが好きだ。長い鬱蒼とした針葉樹のなかを歩いた後に、明るいブナの森がぱっと現れた瞬間がたまらない。心がときめいて、しばし立ち尽くす。みずみずしい新緑の表情に、声もなく至福を感じる。おそらくそれは、半年という長い冬眠から目覚めたからであろう。はじけるような生命の躍動感が漂うからであろう。」（鈴木一雄「新緑のブナ林」『グリーン・パワー』森林文化協会　２００１年５月号）

「緑の中にいると、どうして心が落着き、なごむのだろう。その理由は、人間は森が生み育てた動物だからではないか。ひとは高等なサルで、約６００万年前、霊長類から進化して生れた。霊長類の最大の特徴は樹上に住むことで、このことが人間という機能を生み出す原動力となった。……外界を認識するとき、イヌは90％を臭覚に、ヒトは90％を視角に頼るという。森の中は四方八方が緑色に包まれている。だから今でも緑の中にいると落着く。これを内なる自然といい、ヒトのＤＮＡに組み込まれている。」（河合雅雄「この緑をこどもたちへ」『グリーン・パワー』森林文化協会　２００２年５月号）

〔信越トレイル〕

森の山旅として、近年よく歩いているのが信越トレイルである。六つのセクションに分かれているが、歩いたのは現在のところ第四セクションまでである。今秋残りを歩くつもりであったが、周辺が千曲川の決壊による災害に見舞われて断念した。このトレイルは、その名の通り、信州（長野県）と越後（新潟県）の県境に横たわる関田山脈の上をつないでいる。斑尾山《まだらお》から北東に延びて、天水山《あまみず》に達する80キロのロングトレイルである。一つのセクションは、８キロから13キロ程度で区切られている。

このトレイルは、森林限界などないさほど高さのない山脈の上に設けられているから、当然のことながら殆どが森の中である。今まで歩いた限りでも、一部でスキーのゲレンデを下ったり、湿原を巡ったり、農道を歩いたりしたが、大部分が森の中であった。森を歩くという点で便利なのは、このトレイル近くのペンションが歩き始めとその終りの地点まで、車で送迎してくれることである。この山脈では、

信越トレイルの新緑のブナ林の一景

信越トレイル、希望湖と斑尾山遠望

昔から信州と越後をつなぐ道が随所に通っていて、一六もの峠がある。双方の文化・生活の交流が盛んであったことを物語る。峠の名前は大体越後側の集落の名前から取られているというから、おそらく越後側にとってより重要な役割をもっていたのであろう。各セクションはこの峠と峠の間に設けられている場合が多く、その峠が出発点となり終点となる。そこまでの送迎がペンションのサービスである。これを利用するのは、いささか邪道という気がしないでもないが、老齢の身には有り難い。

このトレイルは、２０１６年6月19日に斑尾山と赤池を結ぶ第一セクションを歩いたのが最初であった。起点の斑尾山には、多くの人はスキーのゲレンデを登るらしいが、山歩きらしいコースとして宿泊したペンションから勧められて、野尻湖方面の菅川の登山口まで送ってもらい、そこから森の中を登った。たしかにこのコースは、ブナ、カラマツ、ナラの樹林がそれぞれに層をなして次々に現れる。この樹林相の変化が楽しい。釜石山を経て大明神岳（１３５０ｍ）に着くと、やや曇りがちな天候ながら西に野尻湖と妙高山・黒姫山など北信四山の展望が広がる。ここでゲレンデから登ってきたらしい男性4人組と出会う。ここから斑尾山の頂上（１３８２ｍ）までは指呼の間である。この山頂からゲレンデを５００ｍあまり一気に下る。たしかにゲレンデ歩きは、切り開かれた風情のない空間をただひたすら下るだけで、楽しくも面白くもない。万坂峠に下りて、再び袴岳（１１３５ｍ）まで登り返す。アップダウンを繰り返し、これもなかなか大変であった。山頂からは西に間近な妙高山が大きく現れたが、残念ながら雲に隠れがちで、また見えても湿気が多くてかすみがちであった。ここで昼食をとり、先の４人組と前後しながら森の中を下り、林道を歩いてこのセクション終点の赤池に出た。

第二セクションを歩いたのは、翌年の５月末のことであった。この年は年初から下肢を中心に、筋肉がしきりにピリピリ、ジリジリして、それが続くとひどく疲れる。「ふわく」で鳥羽沖の菅島周回のハイキングに参加し、港に戻った時は足の筋肉がブルブル震えて止まらなかった。40歳前後のあの病の再来を恐れた。筋肉の不調がこの時期も続いていたので、その負担を考えて、このセクションを歩くのを２日に分けた。29日には先回の終点赤池から希望湖までを歩いた。池から森に上がると、そこはブナ林であった。ブナやシラカバのような落葉広葉樹の森は明るくて気持ちがいい。この小高い丘陵地の樹林には、根元から大きな幹が分岐したり、根元に大きなコブを作ったりした変わった形のブナが目立った。丘を下りて沼の原湿原に出た。10日前に山仲間とここを歩いた妻君の話では、水芭蕉が満開だったらしいが、もうすっかり花は終わり、広い湿原は葉だけ大きくなった水芭蕉に覆われていた。湿原を横切って再び森に入り、森を下って希望湖に出た。湖面越しに前年登った斑尾山が横に長く台形状に望めた。

翌日はこの希望湖からスタートし、ゆるやかな登りの樹林帯を、名は知らぬながらスミレに似た２種の小さな花の群落を目で楽しみながら、毛無山頂（１０２２ｍ）までゆっくり登る。近くの展望台から飯山の彼方の志賀高原の山々を眺めた。ここから新池までもゆるやかな下りの樹林帯で、農業用のため池であるこの池畔で30分程休んだ。対岸の森が静かな湖面にくっきりと映っていた。水鏡である。前日は足の筋肉が不調気味であったが、この日はその症状も出ず、快適な森林散策であった。新池を出ると後は農道で、道の両側に農地が広がり、好天のこの日は涌井の集落まで照りつける陽光の下を歩いた。広大な農地は全て耕作放棄地で、草に覆われ既に一部で木々も育っていた。膨大な労力を費やして開拓された農地であろうが、いずれ草地化を経てまた森に戻る過渡期かも知れない。人間の営為の意味を考えさせられながら、終点の涌井に着いた。途中あちこちに咲くタニウツギのやや濃いピンクの花が満開であった。足の不調は、むしろ帰宅後に出た。

タニウツギの花

三回目は同年10月の秋であった。この時も、足を心配して第三セクションを二つに分けた。同月17日は中間地点の桂池から北東方向に、いわばこのセクションの後半部分を、仏ヶ峰登山口まで秋の気配を感じながら歩いた。桂池の周囲ではススキが白い穂を出し、森はようやく薄い黄色に色づき始めていた。ハゼの葉はもうすっかり赤や紫に変わっていた。シラカバはまだ緑を残していて、その緑と白い幹と周囲の色づきとのアンサンブルに風情があった。黄紅葉の盛期ももちろんいいが、秋の気配が漂い始めるこの時期の森の雰囲気も私の好みで、行程中誰とも会わずただひとりでこの景観を静かに楽しんだ。ただコースの後半は、アップダウンが続き、しかもぬかるんでいて、ことに下る場合は滑らない様に神経を遣わせられた。

信越トレイル、秋色に染まり始めた第三セクションの一景

次の日も桂池まで送ってもらい、今度は逆に南西方向に、第三セクションのスタート地点である涌井まで歩いた。最初にブナ林の中を黒岩山（９１１ｍ）に向け登ったものの、ピークが判然としなかった。多分五角形の休憩所が設けられていた所がそうではないかと、珍しく行き交ったひとりの女性と推察をたくましくした。この山はギフチョウとヒメギフチョウの混成地で、珍しいのか全山が国の天然記念物に指定されていて、トレイル以外はこの山に入るのは禁止されている。山を下りると長い林道が続いたが、深い森の中の未舗装の道で、やや広めの道ながら色づき始めた森を楽しむという点では支障はなかった。途中に「大将陣」と名づけられた個所がある。上杉謙信が兵を休ませたところからつけられたらしい。

川中島合戦の際も、「謙信道」と呼ばれるこの尾根道が利用されたという。この「大将陣」をしばらく眺めた後、利便性を高めるため明治時代に新設されたという富倉峠を経て、林道から涌井に下りる。ただこの下りの道は狭く、急坂である上に、ぬかるんでいて滑りやすく、ここでも神経を遣わさせられた。靴はすっかり汚れた。

第四セクションを歩いたのは、２０１８年の9月であった。このコースでは途中に分割できる適当な個所がなく、足はかなり元に戻ってきてはいたが、用心して妻君に同道してもらった。彼女は以前ここを歩いている。同月17日、トレイルを歩くついでに、雨が降ったり止んだりする中を、千曲川の南にある北竜湖を一周した。翌日、関田峠まで送ってもらい、通常とは方向は逆になるが、そこから西南に仏ヶ峰登山口まで歩いた。8時に歩き始める。歩き始めは雨の中であったが、広大なブナ林の気持ちのいいトレイルを歩いているとすぐに止んだ。しかし森には霧が漂っていて、それがかえってブナの森を幻想的にしていた。小さな茶屋池に立ち寄り、筒方峠を経て黒倉山に登り、さらに鍋倉山（１２８９ｍ）に登る。ここがこのセクションの最高地点である。ここまでは緩やかな登りで、歩きやすい快適な道であった。ここで小休止して、小沢峠に向かった。繰り返す小さなアップダウン、大きな岩崩れのある斜面、木の根の張り出して歩きにくい個所などを我慢して通り過ぎると、また美しい広大なブナ林が広がる。小沢峠の、雪の重みでS字状に湾曲したブナの木の下で昼食をとるころには、空には青空も出てきた。この峠から後は、最初は少し登りだがそれからは大体下りで、ブナの目立つ森の中を歩く。尾根道から仏ヶ峰登山口へは、スキーリフトからゲレンデを下るのがもともとのコースだが、途中から樹林の中に入る新しいコースができていて、そちらをとる。ただ九十九折りの道ながらかなりの急坂であった。登山口には13時40分に着いた。6時間近い行程であった。

このセクションの最も魅力的な点は、随所にある広大なブナの美林を堪能しながら歩けることであろう。概ね幹回りのさほど大きくはない樹林であったが、中には樹齢の長さを感じさせる大木もあった。ナナカマドなどは色づき始めていて、秋の始まりを感じさせた。さらにつけ加えておくべきは、トレイルの両側に列なすようにして姿を現していたキノコの大群である。茶色系統のものが多いが、白、ピンク、赤、紫と色も様々、形状も平たい円形のもの、帽子状のもの、凸状に飾りをつけたケーキのような珍しい形のものなど多様であった。初見である。これだけ多彩なものを生み出す森の力に感嘆した。日記に感慨を記したように「素晴らしいトレイル歩き」であった。車で飯山駅まで送ってもらう途中から見た、南北を山に挟まれ、やや傾斜しながら東に延びる飯山盆地の黄金色に輝く稲田の風景もまた、息をのむほど美しかった。

（2）森歩きの楽しみ（ii）— ミルフォード・トラック（ニュージーランド）・フィンランドの森と湖

海外の森の旅で忘れがたいのは、もう20年前になるが、ニュージーランドのミルフォード・トラックを歩いた時のことである。先のエッセイ「山歩きの魅力」の末尾に、聖岳登山の際の行方不明事故とともに、印象深い山旅としてこのトラックについて簡単に触れている。先ずそれを一部訂正して再録しておこう。

【ミルフォード・トラック】

「楽しい思い出の筆頭に位置するのは、やはり3年前の暮れ、ニュージーランドのミルフォード・トラックを歩いた時のことだ。南島南西部のこのコースは、〝世界で最も美しい散歩道〟ともいわれ、テ・アナウ湖からミルフォード・サウンド（フィヨルド）まで、氷河が削った深い谷を中央に立ちはだかるマッキノン峠を越えて歩く50数キロの原生林の中の山旅だ。山中三泊、谷の両側には雪をいただく峨々たる山塊あり、深くなればモスグリーン色となる清冽な川あり、各種のブナの巨木あり、６００メートルに近い高さから轟音を轟かせて落下する滝あり、人を恐れぬこの地独特の数々の鳥たちとの遭遇あり、峠には高山植物の満開の群落あり、といった興趣尽きぬコースであった。興味深いのは、このコースには小屋泊りでは一日あたり40人の入山しか認められていないということである。この国は規制緩和で経済再生を果たしたとして評価されているが、こと自然への対応という点では厳しい規制を課していることがわかる。訪れる人が過多で、自然への負荷が過大になっているわが国の尾瀬の状況を思った。」

ミルフォード・トラック、赤ブナの大木と我が夫婦

文中の3年前とは1998年12月のことである。ここで「楽しい思い出の筆頭」として、ミルフォード・トラックを挙げているが、これはこの山旅がこのエッセイの執筆時点に近く、そのため少々筆が走り過ぎたためである。それ以前に我が生涯のハイライトかとさえ思えたスイス・トレッキングがあり、「それと並んで」と書くのが正確であったろう。しかしこの森の旅が今でも「楽しい思い出の筆頭」の一つであることは間違いない。それについてやや詳しく記しておく。

なおこのエッセイ末尾の入山規制にかかわって、わが国の大衆登山について若干の補足をしておきたい。山に群れをなして登り、頂上は人で鈴なりといった大衆登山の状況を嘆く人も少なくない。山を静かに堪能したいという気持ちは、私にもよく分かる。

しかし山はそうした人の独占物ではない。山の魅力を楽しみたいというのを妨げる権利は誰にもない。もし静かな山を堪能したいというのであれば、季節や曜日の選択を工夫する以外にないかもしれない。大衆登山で一番の問題はそれが自然環境に過大な負荷を与えてそれを傷つける危険であろう。そうした懸念が強い場合には、このニュージーランドや後に触れるオーストラリアの場合のように、厳格な入山規制を行うことは、むしろ望ましいことであろう。尾瀬もその危険が指摘されてきた。このエッセイ以後のことであるが、山小屋の申し合わせで、やや微温的ではあるにしろ、予約者以外は宿泊を断ることにして、それなりの効果があったと聞いている。

さてテ・アナウ湖からミルフォード・サウンドまで、南北に延びるこのトラックを歩き始めたのは、12月22日からであった。このトラックはもともとは海岸から島に物資を運び込むために造られたものらしい。これを海に向け逆に歩くことになる。この日のトレッキング参加者は、オーストラリア2人、アメリカ10人、日本21人（我々夫婦を含めて）の計33人であった。初日は湖を渡り、湖畔からトラックの出発点の宿、グレイドルハウスまで短い距離を歩く。翌日は快晴で、クリントン河沿いの森の道を歩いた。河の水は清冽で、含有物の関係か少し深みを増すとモスグリーン色に光る。森は山ブナ、ギンブナ、赤ブナなどのブナを中心とし、ヒノキの類も混じる。深い樹林の中に樹齢８００年という赤ブナの大木があった。フィレレ滝の小屋での昼食時、この国の固有種であるオウム科のケアが数匹、食べ物を狙ってしきりにそばに寄ってきた。人を恐れない。森の中で出会った小鳥もそうであった。おそらく人に痛

ミルフォード・トラック、マッキノン峠

めつけられた経験がないからであろう。時折河原に立ち寄りながら森を抜けると、雪を頂く大岩壁に挟まれた峡谷に出る。岩壁の上部からはあちこちで滝が落ちていた。ポンポローナ・ロッジに着く途次、岩崩れで水がせきとめられて、水中に立木が枯れて立ち並ぶいわば「ニュージーランドの大正池」とでも言うべき光景もあった。

翌24日は午前中はガスが出たが、次第に晴れになる。この日はマッキノン峠（１１７０ｍ）を越える。鴨が泳ぐミンタロ湖を見ながら渓谷を歩きクリントン河の源流部からマッキノン峠の九十九折り（十一曲がり）の登りにかかる。この周辺はお花畑で、南島の固有種で広く名を知られたマウントクック・リリーや各種のデイジー等の花々が咲いていた。登るにつれて左にハート、右にバルーンの山容が大きくなり、中央に雪を頂くエリオットが姿を現す。岩峰である。峠で眼前のエリオットをはじめ、南北の峡谷沿いに展開する峨々たる山々の展望を楽しみ、小さな池塘の側の峠の小屋で昼食をとる。

遮るもののない解放感のある魅力的な峠であった。峠から下って満開のお花畑を見ながらアーサー渓谷に向かった。急坂の樹林帯に入ると、見事な滝が連続する。クインティン小屋に着いて、さらにサザーランド滝に足を延ばした。この滝は高さ６００ｍに近く、高度差は世界で第五位という。落ちる水の飛沫がすさまじい。小屋での夕食時、「マッキノン峠からのエリオット山」というB・バクスターの絵を記念に買う。この絵は、今も我が家の玄関を飾っていて、いつもこのトレッキングの楽しさを思い出させてくれる。

クインティン小屋からサンドフライ・ポイントまでの快晴の最終日は、樹林帯の様子がマッキノン峠までとは違う。相変わらずブナ類は多いが、目立つのは大きなシダ類の多さで、熱帯雨林の森を歩いているかのような錯覚に囚われる。マッカイ滝、ジャイアント・ゲート滝に立ち寄り、その河原で遊んだ後、テレグラフ・ポイントで昼食をとって、更に歩くと次第にアダ湖が大きくなる。サンドフライ・ポイントに着いて54キロのトラックを完歩した。ミルフォード・サウンドまで船で渡り、ロッジで夕食後、クリスマスイブとあって賑やかな懇親会となった。日米歌合戦などで楽しんだ。翌日フィヨルドを船で周回するミルフォード・サウンドのボート・クルーズでこの旅を終えた。氷河が削った鋭い山容の峰々が入り江を囲んでいた。

【フィンランドの森と湖】

海外で森を歩くという点では、何といっても歩く行程全てが森であったフィンランドでのハイキングを挙げなければならない。「朝日旅行」のツアーであったが、この旅行社のツアーには、これ以外にチロル・ドロミテ、ピレネー山脈、チェコの山歩きに参加している。最初のツアーは夫婦での参加である。2009年7月のチロル・ドロミテのツアーは有名なドライ・チンネン一周ハイキングが目玉であったが、帰途立ち寄ったオーストリアの最高峰グロスグロックナー（3797m）を間近に望める山麓の魅力的な小村ハイリゲンブルートも、モーツアルトの街ザルツブルグの印象も強い。この時はミュンヘンでツアーと分かれ、夫婦でこの街に泊まり翌日マリエン広場やイーザル川を訪れて市内観光をし、夜はヒトラーがナチス党結成大会を開いた巨大なビアホール・ホーフブロイハウスでビールを飲み、相席のドイツ人夫妻と腕を組んで音楽を楽しんだ。2012年6月のピレネーの場合は最初はフランス側のヨーロッパ最大の滝・カヴァルニー滝（落差422m）を眺めに歩き、スペイン側ではアラン渓谷のフラワーハイキングを楽しんだ。宿のワインはフランス側は高価であったが、スペイン側は無料であった。2018年10月のチェコの場合はヨーロッパ最大の砂岩の天然の石橋フラヴチツカ門を目指すハイキングとチェコの最高峰スニェシュコウ山（769m）へのハイキングが目玉であったが、後者は残念ながら強風で途中までで中止となった。プラハの街では各様式が混在する建物群、宗教改革者フスの像、改築を重ねたプラハ城などに刻印された歴史が印象的であった。また私は一人スラブ民族主義を感じさせる著名な画家ムハの絵が展示された市民会館とプラハの春で有名なヴァーツラフ広場も訪ねた。

フィンランドのハイキングは、２０１６年７月のことである。北極圏に近いラップランドには１５０ｍの山があるらしいが、それ以南では我々が最初のハイキングで登った３４０ｍ程度の展望の岩山が最も高いということなので、そもそもこの国では登山らしい登山は無理である。ハイキングは首都ヘルシンキから北に離れたコリとオウランカという二つの国立公園内の森の中であった。

国内線でヘルシンキから飛んだヨエンスーは、水量豊かな清冽な河が流れる美しい街で、この地方の拠点ながら人口は３万７千人。そのうち大学生が１万人に近く、いわば大学の街である。大学は森林研究の世界的拠点という。訪れるとキャンパスは広く、中に木でできた独特のデザインの森林研究所が設けられていた。７月20日にここからコリに向かい、湖畔のレストランで昼食の後、宿泊する山腹のホテルに荷を預けて、森の中に露頭を見せる大きな岩山の展望台を巡るハイキングに出かけた。三ヵ所ある展望台からは東にはるか彼方まで続く広大な森が拡がり、西に眼下に大きなピエリネン湖が望める。この国はまさしく森と湖の国だという印象を強くした。展望台には、若い男女の姿が目立った。約３時間のハイキングであった。翌日は曇りの天候であったが、コリ国立公園の西奥に位置するルナー湖までバスで移動し、湖に流れ込む川沿いを上流に向かって森の中を進む。苔むしたシラカバやアカマツが中心の樹林であった。12時、山小屋隣接の昼食地点の広場に着く。ここでたき火でソーセージをあぶって食べた。この野外ソーセージグリルは、この国のハイキングでの定番らしい。食後往路を戻り、車で湖畔のリエクサに向かい、そこから小さなフェリーに乗り、昨日登った岩山を正面に見ながら、コリまでのクルーズを楽しんだ。

フィンランド、森とピエリネン湖

フィンランド、野外ソーセージグリル

翌日はコリからクーサモへの移動の日であった。車窓からひたすら森と湖を見て過ごす。森はシラカバ、アカマツ、トウヒの混交林で、多様な樹種の日本の森に比べると、単調な印象は否めないが、森と湖とが織りなす景観は魅力的であった。林業が主要産業の一つで、伐採地も多いが直ぐにそれを補って植林されていた。23日がこのハイキングのメインの日で、薄曇りの空模様であった。バスでオウランカ国立公園のベースキャンプへ行き、10時20分、全長80キロにおよぶベアーズ・リンク・トレイルの一部12キロを歩き始める。急流のユラバ川を吊り橋で渡り、ハスの花咲く小湖沼を巡りながら、展望地に出る。展望台から眼下の谷を挟んで、トウヒの多い森を眺める。東方の森の彼方はロシア領という。この国立公園はロシアとの国境地帯に位置し、コースの別の場所にはソ連との小規模な戦闘の跡もあった。この国は長くスウェーデンに支配され、その後はロシアの支配下にあったが、１９１７年のロシア革命の翌年に独立している。しかしその後、ソ連との間に戦争が2度あり、領土の一部を割譲しているが、その戦争の跡だという。ここでも昼食は例の名物の野外ソーセージグリルであった。眼下にユラバ川の水量豊かな急流と豪快な滝と何組ものラフティングの様子などを眺めながら、16時にベースキャンプに戻るが、変化に富んだ楽しい

小湖沼のハスの花

トレイルであった。いたるところに赤っぽい満開のヤナギランが群生していた。翌日がハイキングの最後の日で、同じ国立公園ながら昨日より更に北にあるビジターセンターへ行った。この日はやや蒸すものの好天となった。ここで昼食をとり、13時に5キロの短いコースを歩き始める。コースの両側にはベリー類（ブルーベリー、ブラックベリー等）が多く、つまんで食べる。今は森に放牧され、あちこちで見かけた家畜化されたトナカイを、冬を前に収容する施設等に立ち寄り、森の中を歩いてオウランカ川沿いに出る。豪快な川で、色はタンニンで茶色に近い。飛沫をあげて流れる急流を見ながら、16時に出発地に戻った。

フィンランドについて、少し知り得た知識を補足しておこう。総面積は日本とほぼ同程度ながら人口は550万人弱で、首都ヘルシンキの人口が60万人。国土の下部は硬い岩盤で、その上を薄い土が覆っていて、あちこちで岩盤が姿を見せていた。国土の68％が森林で、耕作地が6％。それ以外に大小19万に近い湖がある。まさしく森と湖の国、両者がモザイク状に交錯する国である。森の樹種は、アカマツ（49％）、トウヒ（30％）、シラカバ（17％）の3種にほぼ限定されている。日本の森の多彩さに比べると単調さは免れない。この森歩きの直後、ポーランドの最高峰リシィ山に登ったが、この国の樹種もフィンランドと類似していた。しかし翌年ポーランドに南接するチェコの森をハイキングした際は、樹相は多彩で、丁度秋であったが日本の紅葉の季節を思い出させた。わずかとはいえ、南北の地理的位置の違いが原因であろうか。

フィンランドの林業は、その生産物が国の輸出総額の20数％を占める主要産業の一つで、その輸出額は世界の第五位に相当する。当然森林の保護は徹底していて、私有林でも政府の許可がなければ、伐採できないという。驚いたのは海水の塩分濃度が一般には４％程度なのに、ここでは0.4％～0.6％と極端に低いことで、プランクトンが発生しにくく、海の資源が貧弱で、また海水も汚れやすいということであった。ただ湖水地方のサケ・マス類は豊富なようである。１人当たりの国民所得は、ノルウェーを筆頭に北欧諸国がヨーロッパの上位を独占しているが、フィンランドは北欧４カ国の中では最下位である。しかし日本のそれとほぼ匹敵している。消費税は25％と高いが、幼児から大学までの教育費は無料、医療も最先端のものを除いて無料で、育児保障、失業保障など人生全般の社会保障が手厚い。これは北欧諸国にほぼ共通している。若干の制度的変遷はあるにせよ、ここには、生活のベイシックな部分を皆で支え合うという思想が見られる。私の共感する点である。森と湖のハイキングを楽しみながら、しかしまたフィンランドの国情の一端を知るいい機会となった。

（3）森林問題

森を歩けば、その樹相を楽しむだけでなく、森が抱えている問題にも気づかされる。日本の森でいえば、人工林の多くが間伐や枝打ちなどの管理が手抜きで、荒れた状態にあることが先ず指摘される。わが国の国土の3分の2が森林であるが、そのうちの4割がスギ、ヒノキ、カラマツ等の人工林である。国土全体の4分の1以上が人工林ということになる。比率は大変高い。もともと人工林は木材調達のために植林されたものであるから、伐採や運搬などの便宜を考えて、山麓から山腹までが多い。スギ、ヒノキは特にそうである。低山や中程度の山を歩く時は、大抵こうした人工林を通ることになる。スギ、ヒノキのような常緑針葉樹の森は、樹相も単調であり、陽も届きにくいから薄暗い。下草や低木類も育ちにくいから、歩いてあまり面白い所ではない。ただ手入れが行き届いているところでは、適度な間隔をおいた均整のとれた木立となっているから、それはそれで美しい。美林で知られた所も少なくない。問題は手入れが放置されていることにある。

戦後の復興事業のために木材需要が拡大し、木材価格が高騰した。その状態は1960年代あたりまで続いた。人工林が増大したのはその結果である。しかし1964年に木材輸入が完全自由化され、低価格の外国産の木材が、経済成長とともに拡大する木材需要を充たすことになった。輸入先は高度成長期は東南アジアが中心であったが、その後世界各国から輸入されて、今では需要の8割前後が外材によって供給されている。この結果、国産材の価格は低下を続けた。こうした状態は、日本の林業経営を極めて困難なものとした。放置された人工林が多い理由である。戦後植林された人工林は、成長して「森林蓄積量」は増大して伐採適期を迎えているのに、切り出して運び出すだけで赤字が出かねないという状況では、管理が行き届かないのも無理からぬというべきかもしれない。もちろんこのままでいいとい

フンザ、アーモンドの花とカラコルムの高峰

うわけにはいかない。様々な解決策が模索されてはいる。ドイツやオーストリアでのように、木材を建築用材としてだけでなく、チップ化して発電や給湯のバイオエネルギー源として活用することで、雇用を生み出し売電で利益をあげ地域経済を再生させた事例にならって、同種の取り組みがわが国でも生れつつある。化学技術を活用して、鉄材に代替する不燃性で高強度の合成材をつくることで、需要の拡大をはかる試みもあるという。しかしより根本的な問題は、地球環境問題と関連する。光合成を行って酸素を供給する一方、二酸化炭素を吸収する役割を果たす森林の面積が、世界的に減少を続けている。問題はこうした状況のなかで、自国の森林の利用と再生を放置して、森林の減少に繋がる外材に需要の大部分を委ねることがいつまで許されるのかという点ではなかろうか。森を歩き、放置された人工林を通る度に、こうした想いが胸をよぎる。

海外の森を訪ねた際にも、深刻な森林問題の一端を垣間見る機会があった。ネパールでマナスル西壁を間近に望むビムタンに向かう途次のことである。若木が殆ど伐採されて疎林となっている森があった。多分燃料として利用されたのであろう。薪を背負った女性の一団とも行き違った。ネパールでは木材伐採高の9割がこのような薪炭材として利用されている。私の学生時代の友人（佐野茂樹）が、耕地としての利用が困難な場所に辛うじて残された森林、その森林を荒廃から蘇生させるために、この国で植林活動を試みたことがあった。私も僅かながら金銭的支援だけは続けていた。長い年月をかけて、植林する苗床も整備し、活動が軌道に乗ろうかという時に、大洪水が襲って、手がけた植林帯も苗床も失われてしまった。彼が高齢ということもあり、この事業は立て直すことができないままである。

今年の春、パキスタンを訪れて、桃源郷ともいわれるフンザで満開に近いアーモンドの花咲く村々を眺めた。杏の花は今からという感じであったが、桃源郷の名に相応しい彩り豊かな景観を見ることができた。またハイキングで、この国の北部に立ち並ぶヒマラヤに匹敵するカラコルムの迫力ある高峰を展望し、氷河を間近に見た。その一つ、パスー氷河は温暖化で後退を続ける世界の氷河の中で例外的に伸び続けているという。その末端の波うつ純白に近い景観が美しかった。ところで首都イスラマバードからフンザまで、途中でナンガ・パルバット（８１２６ｍ）の雄姿を望めるカラコルム・ハイウェイを北上したが、途中のあちこちに製材された大量の木材が山積みされて放置されていた。ガイドの説明では、20年間そのままのものもあるという。これは政府がこの木材の売買を禁止しているためで、売買を許すと森林の伐採が一層進むという懸念からだという。この国の森林は国土面積の２％あまりにすぎない。

その森林も、フンザの手前のインダス河中流域では、砂漠化が進んでいた。山を見ると、まるでモヒカン刈りの頭のように、高い尾根筋だけに木々を残して、周辺の森は伐採されているという光景が目についた。ハイウェイ沿いに放置された木材は、多分用材であろうが、パキスタンでもネパール同様、木材伐採高の９割は薪炭材が占める。伐採された木に代わって植林されているのは、成長の早いポプラで、これはもともとこの国にはなかった樹木のようだが、河畔や村々のいたるところで高く樹高を伸ばしたその木立が見られた。

このパキスタンへの山行について、いま少し補足しておこう。北上したハイウェイは中国の援助でできたものであるが、現在インダス河のダム湖化が進められていて、そのためハイウェイをより高い山腹に付け替える工事の最中であった。これも中国の援助で行われているようで、中国の工事事務所や「ＣＨＩＮＡ　ＡＩＤ」と書かれた車両を、あちこちで見かけた。このハイウェイ沿いには軍の施設が点在していたが、軍人は社会のエリートだという。ガイドの説明では、国家財政の65％が軍事予算に当てられており、これが医療や教育に回ってくれればいいがといいつつも、建国以来の険しい印パ関係を考えれば仕方がないかとやや諦め気味であった。この山行の直前にも両国の軍事衝突があった。いま一つ付け加えれば、フンザでは同じイスラム教でも女性の教育や活動に制約の少ないイスマイリア派だそうで、フンザの高峰で遭難死した登山家長谷川恒男を記念する小中学校（これは長谷川恒男の死後、夫人の尽力で建設され運営されている）を訪れ、中学の英語の授業を参観したが、男女共学であった。

カラコルム山脈のパスー氷河

カラコルム・ハイウェイ沿いの放置材木

ポプラの植樹といえば、愛知大学では私の学長時代を含めて過去25年間、中国内モンゴルのクプチ砂漠でポプラの植樹を行ってきた。最近では他樹種も交えた混植も行われている。学生に社会人が一部加わっての、費用自分持ちのボランティア活動である。これまでの参加者総数は７７２名、植樹総数は１

万9295本で、愛知大学「緑の協力隊」が主として活動した場所には、中国の手によって「愛知大学ポプラの森」という石碑が建てられている。

ネパールやパキスタンに限らず、「多くの途上国で、農村の自然が、燃料源としての樹木の過伐、耕地の荒廃による土壌の損傷、外貨獲得のための森林過伐などを通して破壊されている」（宮崎勇・田谷禎三『世界経済図説』岩波新書　2012年）ことが、繰り返し警告されてきた。しかし依然世界の森林面積は減少を続けている。欧米と「退耕造林」をスローガンとする中国などアジアの一部でやや増加しているが、アフリカと中南米など途上国を中心に顕著な減少が続いていることの結果である。

長谷川恒男記念小中学校の英語授業の一景

森林は多くの生物を育む。その消失は生物種の共同作業によって形成された生態系を揺るがす。それが絶滅危惧種の増加の背景にある。また先記のように、森林は酸素を供給し、二酸化炭素を吸収する。その消失は地球温暖化を強める作用をする。森林面積の減少によって毎年15億トンの二酸化炭素の吸収減が生じているといわれる。これらの点では、熱帯雨林の消失の影響がことに大きい。世界的には既存の森林の伐採を制限・禁止する一方で、森林再生のための植林が大きな課題となる。その際、経済林という側面だけでなく、生態系の回復を視野に入れたものである必要があろう。東南アジアでは熱帯雨林の伐採の跡地をパームオイルの森として造林することが目立つ。かつてキナバル山に登った際、マレーシアの首都クアラルンプールに立ち寄ったが、途次一面パームの森が広がっていた。そうでなくても、アカシアやユーカリなどの単一樹種の場合も多い。生物多様性の面からも、病虫害や火事に弱い点でもこれらの森は問題を孕んでいる。多様な樹種、多様な生物種の生きる森は、森の生命力の強靭さの証しであると同時に、「生態系サービス」の重要な側面である多彩な森の景観を提供することにも繋がる。同じ視点が日本の造林にも生かされなければならないであろう。

第3章　山と文学
――深田久弥と山口耀久

（1）山の文学者・深田久弥

a　深田久弥『日本百名山』をめぐって

少し年配の山好きの人で、深田久弥の名前を知らぬ人はあまりあるまい。彼は『日本百名山』を著して百名山ブームに火をつけた。この著書は刊行翌年の１９６５年に読売文学賞を受賞している。ただ彼は実は、登山者が大挙してこれらの山々を目指すこのブームに戸惑い困惑し、その後、友人藤島敏男のいう「避衆登山」、つまり登山者があまり行かない山々を好んで友人と歩き始めたと伝えられる。その彼が亡くなったのは、１９７１年３月21日、友人たちと山梨県の茅ヶ岳（１７０４ｍ）への登山中であった。脳卒中で昏倒し意識が戻らないまま死去したといわれる。68歳であった。

私が妻君と共にこの山に登ったのは、１９９６年11月４日のことで、日記を繙いてみると、「韮崎を経て茅ヶ岳登山口へ。『百の頂に百の喜びあり』という深田久弥の碑の前で朝食をとり、８時30分登山開始。女岩まで1時間、そこから清川分岐まで急登30分、深田終焉の地を過ぎさらに急登20分、10時40分に頂上に着く。山頂は広いが、登山者で一杯。11時50分下山へ。朝日旅行と近畿日本ツーリストの二つの大集団と行き交う。13時40分登山口着。須玉インター近くの『須玉温泉』に入浴し、疲れをいやして中央道で帰宅。」と記し、山頂ではガスが四周の山々を隠して大展望は得られなかったが、登下山中に雲の切れ間から金峰山《きんぷ》、瑞牆山《みずがき》、その彼方に八ヶ岳などが望めたとも書き留めている。

この登山は、八ヶ岳の紅葉を楽しむ旅の一環であった。先ず八ヶ岳山麓の「尖石縄文考古館」を訪ね、その異様ともいえる文様や飾りが今あらためて注目をあびている縄文土器、ことに「縄文のビーナス」と称される妊娠土偶（後に再訪した時にはレプリカになっていた）のデフォルメされた魅惑的な造形に感嘆した。翌日八千穂自然園を訪ね、探勝路を一周した。シラカバの梢は裸だが、カラマツの枝は黄金色に染まり、森は色とりどりの黄紅葉で、ここを含めて八ヶ岳東斜面の山々の色彩は、目を奪うばかりの豪華さであった。山麓の「奥村土牛記念美術館」、続いて「清里北澤美術館」を訪ね、土牛のスケッチや下絵、アールヌーボーのガラス器を鑑賞して、妻君の友人の娘の営む清里のペンションに宿をとった。その翌日が上記の茅ヶ岳登山であった。山々の展望はいま一つでも、ここでも登下山中の森の、紅、黄、薄緑、しかもその濃淡様々な色のアンサンブルを楽しんだ。

茅ヶ岳をこの旅行の一環に組み込んだのは、もちろんこの山が深田久弥終焉の地ということが意識にあったからであった。しかし私が深田の文章に接したのはかなり遅い。書棚に、妻君が買い求めた『深田久弥　山の文庫』（朝日新聞社）シリーズが並んでいるが、その「文庫1」が『日本百名山』である。深田の名は聞いてはいても、その文章を初めて読んだのはこの文庫本によってである。この本の奥付の出版年は昭和57年（1982年）となっているから、読んだのはそれ以後のことである。病気での入院・療養の数年で、すっかり衰えた筋力を回復させるため、私は散歩と軽いハイキングを始めたが、そこからさらに山歩きに関心が深まる契機となったのは、先記のように1984年に尾瀬の湿原を歩き、涸沢カールに登ったことであったから、多分深田を読んだのもそれからしばらく後のことであろう。

取り上げられた日本の山々のもつ魅力についての深田の叙述は、それぞれは紀行を交えた短文ではあるが、私の関心を刺激するには十分であった。深田は百名山を、自ら山頂を踏んだ山々のうちから、山の品格、山の歴史、山の個性、山の高さを基準にして選んだという。当然その全てを、あるいはその幾つかを備えた魅力ある山々が選ばれている。ただ自らの登頂経験のない山は除外されているし、選ばれた理由も深田の主観によっているから、彼自身認めているように人それぞれに他に魅力ある山々はありうる。それぞれの人に自らの百名山があってもおかしくはない。実際前記の文庫『日本百名山』の巻末に付された「名山考」で、京都大学の生物学の著名な教授で内外の登山歴も豊富な登山家でもあった今西錦司は、大山以外は除外された中国地方の山々を一例として、深田に異論を呈している。また燕山荘の赤沼さんは、燕岳がそれより格下と思われる山々が幾つも入っているのに選に漏れている点に疑問を呈している。菊地俊朗『山の社会学』（文春新書　２００１年）は、深田百名山の功罪の一つとして、「百名山」に入ったためにやってくる、観光業者によるツアー登山を含めた多数の登山者めあての観光道路の開発、受け入れ施設の乱造などによって山が荒れて俗化する矛盾が出てきたこと、たとえば「百名山」に入った後美ヶ原にはビーナスラインや林道が延び、往時の自然と風情が失われていること、同じことが八幡平や霧ヶ峰等々に言えることを指摘する一方、逆に選に漏れた山々については登山道の手入れや登山口の整備等の行政対応にも格差が出てきていることを指摘している。今西が「深田宗」と評した百名山完登を目標とするような百名山ブームに、深田自身が戸惑い困惑を感じたのはそのあたりに理由があろうか。しかし完登を目指さないとしても、選ばれた山々の多くは、上記のような俗化を割り引けば、もともと人をひきつける魅力を備えているから、山好きの人に自ずから足を向けさせる。私の場合も完登といった特段の意図なしに、数えると60座を超えて登っている。

自ら愛惜する山々の山容・歴史を語り、自らの登高を綴る深田の筆致は、簡潔・平明で淡々としているが、十分にその山々の美しさと魅力を伝え、それでいてまた叙情を失わない。その山々への登高意欲が刺激される。木、花、鳥といった具体的な自然への言及が少ないことを欠点とする指摘（本多勝一『新版　山を考える』朝日文庫　１９９３年）もあるが、取り上げた山々を愛惜する気持ちを巧みに伝える点で「山の文学者」たるを失わない。『日本百名山』は、単なる山の羅列的記録ではなく、深田久弥の山歩きの幅と奥行きが独自の世界をつくり、文学として結実したものである」という大森久雄の評（『山の旅　本の旅――登る歓び、読む愉しみ』平凡社　２００７年）に大過はないであろう。一例として雨飾山の場合を挙げよう。雨飾は三度目の挑戦でやっと「長い間の憧れが今度は達せられた」山であり、そして二度目の結婚の相手となる女性との登高であった山である。ゲーテの詩の一部を借りながら、次のように記されている。「ついに私は久恋の頂きにたった。しかも天は限なく晴れて、秋の午後三時の太陽は、見渡す山山の上に静かな光をおいていた。すべての頂きには憩いがある。梢にはそよとの風もなく、小鳥は森に黙した。風化し磨滅した石の祠と数体の小さな石仏の傍らに、私たちは身をよこたえて、ただ静寂な時の過ぎるにまかせた。古い石仏は越後の方を向いていた。その行く手には、日本海を越えて、能登半島の長い腕が見えた。」

b　「二つの愛」と山の文学者・深田久弥の誕生

山と文学との密接な関係は、山の文芸誌・文学誌としてその象徴ともいうべき雑誌『アルプ』の終刊（１９８３年）に示されるように、かなり以前から希薄になっているとはいえ、各地に足を印した紀行作家であるとともに日本山岳会の創始の中心的なメンバーであった小島烏水以来のわが国登山界の特色ある伝統である。小島烏水については、病後でまだ山を歩くことに躊躇していた１９８２年10月、上高地を訪れて散策し、明神池のほとりの「山のひだや」に泊まった際、そこに置かれていた本を読んで初めて知った。「山のひだや」は明神池畔にある感じのいい宿で、後年私は山仲間の同僚4人を誘い、ここに宿をとり、翌朝一緒に焼岳に向かった。その後さらに年上の同僚2人も誘い計7人でここに泊まり、上高地を散策した。

深田も小島から続く山と文学という伝統の重要な一翼を担っている。ただ深田は、早くから山の書を出してはいても、もともとは将来を嘱望された小説家であった。それが小説という創作活動を断念し、「山の文学」に専心することになった事情については、安宅夏夫が『「日本百名山」の背景――深田久弥・二つの愛』（集英社新書　2002年）で解き明かしている。副題に「二つの愛」とあることから推測されるように、この決断には二度の結婚が絡んでいる。同書に描かれたその複雑な事情を要約するのは困難だが、あえてその要点を記しておこう。

深田が東京大学在学時に職に就いた雑誌編集者の時代に、彼が見いだした病身だが有能な作家志望の女性（北畠八穂）との結婚が一度目で、彼女の書いたものを基に手を加えた作品が深田の名で発表されて、高い評価を得た。『津軽の野づら』である。二度目が旧一高生時代に想いを寄せていたが言葉を交わすこともなかった女学生（木庭志げ子）と、これも劇的なことであるが、18年後偶然の機会に再会し、その後山行を共にするなどの交際に発展して子供も生れ、紆余曲折の末、結局八穂と離婚して二度目の結婚となった。離婚・再婚という限りでは珍しい話ではない。しかし問題は深田の名で発表された作品が、最初の結婚相手八穂の書いたものが基になっていたことである。その事情は、この離婚・再婚の過程で知られることになる。夫婦であれば両者の共作という言い訳も成り立つかもしれない。しかしその言い訳はもはや通用しがたい。こうした事情が、深田に小説家の道を断念させ、山に関わる文筆活動に専念させることになったという。「山の文学者」の誕生であった。山頂に立つ喜びを語る深田の背後に、こうした深刻な葛藤があったことは、安宅の著書を読むまでは全く知らなかった。一度目の相手八穂は離婚後独特の文体で文壇、特に児童文学の分野で活躍し、児童文芸賞や児童文化大賞を受賞している。二度目の相手志げ子は周辺に聰明な女性として知られ、深田を生涯支え続けた。八穂と志げ子2人の容貌は驚くほど似ていたという。

深田の生誕100年になる2003年、同年の『山と溪谷』3月号は「深田久弥の世界」の特集号であった。この号では、深田「百名山」の写真付きの紹介や深田の年譜とともに、「山岳紀行作家」「ヒマラヤ研究家」「文学者」としての深田の各側面が語られ、また息子や友人たちによるいわば「素顔の久弥」像も紹介されている。中でも私が興味深かったのは、一つは大森久雄「深田久弥の山登り」で、紀行文の要所を紹介しながら深田の山に向き合う態度について、「先人に思いをはせながら初めて辿り着いた、なんの造営物もない静かな山頂で、広闊とした山並みを飽かず眺め、心を無にした時間を楽しむ――それが深田さんの山だった。そこには小賢しい理屈も、人生の欲得もなかった。」と論じられている。「倦かず眺める、心ゆくまで眺める、山を眺めて倦くことがない。これは深田さんの文章ではおなじみの表現である。」という大森の評は、友人の作家今日出海も深田『山岳展望』（前掲「山の文庫3」）の巻末の「山鬼深田久弥」で、やや揶揄気味ながらそれと同様の指摘をしているが、同時に彼の死を悼みつつ、この「単純な心境」こそ彼の「命がけの労苦」を経てのものだとつけ加えている。興味深かったいま一つは近藤信行「昭和文学　謎の名品」で、ここでは先に触れた、彼の文名を高めた『津軽の野づら』に関連して、深田と山行を共にする友人で、後年卓越した評論家としての定評を得た小林秀雄が、早くから既にあたかもこの著作の由来を知っているかのように「われわれが全く関知する処のない悒愁が、思い掛けない方角から近よって来るに違いない。」と将来を予測するがごとくに書き、後々「深田には山があってよかったなあ」と述懐していたことを紹介している。

c 「深田久弥　山の文化館」と白山

今年2月、妻君とともに加賀の片山津温泉を訪れた際、大聖寺《だいしょうじ》の「深田久弥　山の文化館」に立ち寄った。もともとは絹織物工場として建てられたものを改装して展示館としたものであるが、深田の写真、著書など彼にゆかりのある品々が展示されており、また「九山（彼の号）山房」と名づけられた文献資料室には、深田に限らない山に関する雑誌や書籍が収蔵されていた。ここには深田夫妻がそれぞれに幾つもの文章をよせた先記の『アルプ』のバックナンバーもすべて揃えられていた。深田の死去1週間前

深田久弥の生家

深田久弥「山の文化館」

の「アルプ教室」での講演の声（録音）も、ここで聞くことができる。
この「文化館」からほど近いところに深田の生家がある。生れた時の家業は紙問屋と印刷業で、裕福だったという。長男の彼が家を出たので、後を継いだ弟の家系で今も印刷業が続けられている。深田は『日本百名山』の「白山」の部分で次のように書いている、「私のふるさとの山は白山であった。白山は生家の二階からも、小学校の門からも、鮒釣りの川辺からも、泳ぎに行く海岸の砂丘からも、つまり私の故郷の町のどこからでも見えた。真正面に気高く美しく見えた。それはその名の通り一年の半分は白い山であった。」と。残念ながら訪れた当日は雨模様で、白山の山容は望めなかった。ただかつて冬の山中温泉に遊んだ時は、加賀平野の南に、たっぷりとした雪に覆われ、右にやや長く裳裾を延ばした山量豊かに連なる白山連峰の優美な姿が浮かんでいるのがよく見えた。山麓から山頂まで雄大な全貌が一望の下であった。深田は、中部の山からも北に遠く雲の上に浮かぶ白山を望むことができるが、加賀平野からの眺望が一番優れているので、「加賀の白山」と呼ばれることになったのであろうと推測している。なかでも大聖寺の町からの眺めが最上であると自慢している。

深田は、白山に最初に登ったのは中学生の時で、夏でも雪のある山へ行ったのはそれが初めてで、それが「私の山岳開眼」であったと記している。登山ルートは書かれていないが、大聖寺からであれば、北から南への登山であったであろう。私の白山登山は、１９８８年の9月初めで、夫婦で市ノ瀬から別当出合まで車で入り、そこから北東に延びるコースを、甚之助ヒュッテを経て登った。おそらく深田とは南北逆のコースということになる。日記にはこの小屋に着くと同時に激しい雨となり、昼食をとりながら約1時間雨宿りをしたこと、室堂小屋直前の急坂でも激しく降られ、体までかなり濡れたことを記している。最近白山に登った人の話では、甚之助ヒュッテは今は避難小屋になっているらしい。翌日雨は上がり、小屋を5時前に出て、御前峰（２７０２ｍ）に登り雲間からのぞく陽光を眺めた後、山頂周辺の池めぐりをし、紫のイワギキョウやピンクのハクサンチドリが目立つお花畑の散策を楽しんでいる。雲がやや多く、間近い大汝峰は別として展望はきかないが、別山の稜線を越えて流れるガスのたなびく様子を見応えがあったとも記している。下山は登りとは別のパノラマコースであった。私の白山登山はこれ一度きりであるが、雨の登高に難儀したことは日記を読み返すまですっかり忘却していて、ただ山頂周辺の散策の楽しかったことだけがずっと印象深く残っていた。病後の３０００メートル級の高山への登山らしい登山は、これが初めてであった。それ以前に乗鞍岳（３０２６ｍ）に登っているが、これは家族と一緒に高所にある畳平から登ったもので、登山らしい登山とはいえまい。

甚之助ヒュッテと我が夫婦

白山頂上の我が夫婦

（２）山口耀久と八ヶ岳

ａ　山の文学誌『アルプ』と山の紀行文

山口耀久《あきひさ》『「アルプ」の時代』（山と溪谷社　２０１３年）には、山の文芸誌・文学誌として日本における山と文学の伝統的関係を象徴する雑誌であった『アルプ』（創文社）の創刊（１９５８年）と終刊（１

983年）にいたる経緯が丁寧に描かれている。この雑誌と登山を巡る時代的状況との関係、他の登山誌とは異なるこの雑誌の特徴的な性格、明治生れ、大正・昭和生れの執筆者群とその作品の分析などが含まれている。単なる山行記録ではなく、山のもつ多様な自然の魅力、登高の楽しみや感動や苦しみを、いわば文学的に昇華して表現することに執筆者が力を注ぎ、それに共感する多数の読者が存在した時期のあったことが分かる。この著書の最後近くに「さわやかな終刊」という章がある。そこでは執筆者の新陳代謝が進まなかったこと、山を静かに味わうのではなく人の蝟集するにぎやかな山が好まれる登山の大衆化が登山と自然との親密な交感を希薄化させたことを指摘し、山の文化誌としての使命を果たしたことを自負しつつ終刊したと綴っている。この雑誌の創刊にも、その後の編集にも中心的役割を果たしたのは、フランス哲学の研究者で山のエッセイストとしても高名であった、私も時折手に取る串田孫一であるが、山口が「自負」を語り得るのは、彼自身がこの雑誌の編集委員として、串田に協力して1964年から終刊まで、この雑誌の刊行に関わっていたからである。

私が好んで山歩きをするようになったのは、先に言及したように1980年代の後半の時期からであるから、もちろん『アルプ』の終刊以後のことであり、この雑誌の存在も知らなかったし、それまでは山の紀行文もあまり読んだ記憶がない。しかし山行を重ねるにつれ、この種のものを読む機会が増えた。串田孫一編『忘れえぬ山』（旺文社文庫Ⅰ～Ⅲ）、近藤信行編『山の旅』（岩波文庫　明治・大正編、大正・昭和編）、北杜夫編『山――日本の名随筆集』（作品社）などは、そうした山の紀行文の名品を集めたアンソロジーである。『アルプ』の執筆者とも重なる人々が多い。

私が山の本を初めて読んだのは、中学時代に古書店から手に入れたE・ウィンパー『アルプス登攀記』（岩波文庫）であるが、アルプスの諸鋭鋒の初登攀を目指す挑戦的・冒険的登山が記されていた。ことにマッターホルンの初登攀はイタリア隊との競争や下山時のパーティー半数の転落死という劇的要素を含めて、極めて印象的で感動的であった。しかしこれは私とは無縁の世界の話であり、長らくこの種の本を読むことはなかった。今でも難度の極めて高い山頂や岩壁の挑戦的初登攀については、登攀者本人によるものではなく、その登攀への共感がベースとなっているにせよ、虚構を含むフィクション（たとえば新田次郎）や前後・周辺の事情を交えて書かれたノンフィクション（たとえば沢木耕太郎）のような、やや距離をおいて客観視しながら、読者の興味を刺激する形で編まれたものを読むことが多い。気分に任せて手に取る当人の書いた山の紀行文といえば、こうした挑戦的・冒険的初登攀記よりも、自らの手に届くかそれに近い山々の自然を味わう紀行文になる。それは上記のようなアンソロジー（一部に挑戦的初登攀記も含まれている）の場合もあれば、単著の場合もある。それらの単著は既出の紀行文を集成したものが多い。その点では、自分が登った山、あるいは登りたい山などを勝手に取捨して読める手軽さがある。手軽とはいいながら、これらの紀行文からは、登山の労苦を語りながら、品位と余韻が感じられて気分をさわやかに浄化してくれる。手もとにある単著の幾つかを挙げてみれば、書名は省くが、尾崎喜八であり、大島亮吉であり、冠松次郎であり、今西錦司であり、串田孫一であり、大森久雄であり、田淵義雄である。少し変わったところでは里山が中心の内山節である。大森が言うように、山には登る楽しみと同時に読む楽しみもあるのである。目が届かぬためかどうか、執筆者には古い世代が多い。山の文学とでも言うべき伝統が途切れつつあるのを象徴するかのように思えて残念である。

b　山岳文学の名作——山口耀久『北八ツ彷徨』『八ヶ岳挽歌』

自らの山の紀行を綴った山口自身の著書に『北八ツ彷徨』（平凡社　２００１年、１９６０年刊の創文社版の著者による「誤りと不備を改め」た改版）と『八ヶ岳挽歌』（平凡社　２００１年）がある。前者については、「山を見る澄んだ目線と磨き上げられた文学表現は、戦後の山岳文学の最高傑作」（萩原浩司『写真で読む山の名著』ヤマケイ文庫　２０１９年）という評価があり、後者については、帯に記された宣伝の惹句ではあるが「山岳文学の名作の誕生」とある。山の紀行文を広くかつ系統的に読んでいるわけではない私には、こうした評価の当否を判断する資格はないが、しかし一読した限りでは決して過褒であるようには思えない。

両著の出版年から分かるように、後著は前著（初版）から40年後の出版である。しかし後著に収められている文章は、書名にもなっている「八ヶ岳挽歌」の一文（ここでは人工物の濫設によって八ヶ岳、ことに北八ツの自然がひどく傷つけられていることを嘆き、しかし伐採された雨池の樹林が美しく蘇っていることを語って自然の再生にかすかな希望が暗示されている）を除くと、全て１９６０年代から70年代前半に書かれたものである。前著では北八ツ紀行が主題となっているが、書かれた時期も内容も前著と後著とは連続していて、合わせて著者が最もよく親しみ、愛惜してやまない八ヶ岳の全体像が描かれているといってよい。ここでは、紀行そのものではないが、夏沢峠で区分される南北の八ツ岳の対照的な山容を記した部分と、南北に分岐する地点近くに位置する天狗岳を描いた部分を紹介することにしたい。南北に連なる八ヶ岳連峰の変化に富む特徴的な山容が、含蓄ある文章で巧みに表現されている。

「南八ヶ岳があけっぴろげで明るく、派手な山であるのにくらべて、北八ヶ岳は内にひそんで暗く、地味な山である。南八ツが威張った山だとすれば、北八ツはおとなしい山である。前者は叫ぶが、後者はつぶやく。乾いた岩稜の山と、湖の多い森の山との対比。本峰の性格の特徴が空に高まっていく鋭い線であるとすれば、北八ツのそれは横にひろがった、なだらかな面であるともいえようか。」（『北八ツ彷徨』）

「天狗岳はその位置関係から、八ヶ岳本峰の南八ヶ岳と、それと対照的な性格をもつ北八ヶ岳の、二つの性格を併せもったような山で、そのことがこの山を八ヶ岳でも特別に親しみやすい、魅力ある山にしている。東天狗からなぎ落ちる東壁や、西天狗の南側の荒れはてた岩くずの斜面は十分に南八ツ的だし、山の北斜面の裾にこじんまりとまとまった池と樹林と草地の風景は、おだやかでやさしい北八ツの風景そのものである。

　頂上からの展望も、この山の特徴をよくあらわしている。南を望めば、無惨な火口壁の断崖をあらわにした硫黄岳の右に、横岳の一部と赤岳、阿弥陀岳がいかつい岩山の姿を揃え、振り返って北を望めば、俯瞰するスリバチ池一帯の盆景のような風景のむこうに、中山から縞枯山、北横岳、蓼科山へと続く、おおらかな樹林の山地がひろがっている。」(『八ヶ岳挽歌』)

c　私の八ヶ岳 ― 天狗岳、赤岳、蓼科山

　八ヶ岳は私も最もよく歩いた、最も愛好する山域の一つである。南の赤岳から北の蓼科山まで、一度で縦走したことはないが、つなぎ合わせれば一応は全て歩いているし、その中間に横たわる硫黄岳と北横岳にいたる山々は何度も歩いている。山口の八ヶ岳の『彷徨』と『挽歌』の二著に触れたついでに、先に紹介されている天狗岳への登高と、もう随分以前になるのだが、赤岳と蓼科山への登高について、山行記録に近いものながら、日記を繙いてその要点を記しておきたい。いわば私の八ヶ岳「彷徨」の記録である。

〔天狗岳〕

天狗岳には四回登っている。内二回は夫婦での登高であったが、最初は１９８５年７月のことで、渋ノ湯から黒百合ヒュッテまで登って泊まり、翌日は溶岩重なりあう急峻な登山道を東天狗まで登って、四周遮るもののない展望を楽しんだ。北、南、中央アルプスをはじめ、東には奥秩父、北に浅間を遠くに望み、また間近な蓼科山から赤岳にいたる八ヶ岳連峰はくっきりと鮮明に見えた。その後、中山―丸山―麦草峠まで歩いている。次は２００２年８月のことで、唐沢鉱泉から天狗西尾根を辿り、西天狗―東天狗―根石岳―箕冠山を経てオーレン小屋に泊まっている。新設の風呂があった。不破哲三の本が並んでいて、志位和夫の色紙が飾られていた。翌日、前日とは逆コースを辿り、黒百合平に下りて、唐沢鉱泉に戻っている。二回目は稜線で風が強かったものの、二回いずれも抜けるような好天で、山口が描く風景を堪能している。

夫婦以外の二回の中の一つでは、大学の保住、海老澤、高須健至（地域経済政策）の諸同僚と赤岳鉱泉小屋から硫黄岳に登り、根石岳と天狗岳を経て黒百合ヒュッテに泊まっている。１９９０年７月のことであった。黒百合ヒュッテでは、この日は旅行社の団体客が入り、我々４人は三階の屋根裏部屋に押し込められた。ヨーロッパの山小屋の経験のある海老澤さんは苦情しきりであった。大衆登山、ことに小屋を占拠しかねない程の旅行社による集団登山の問題の一端を垣間見る思いであった。翌日は中山から高見石小屋へ歩く。人馴れしたリスが食事中であった。小屋上部の巨岩に登って眼下の白駒池と周囲

西天狗岳と私

東天狗岳を目指して

に広がる樹林を眺めた後、池に下り苔むす樹林の中を麦草峠に出た。いま一つは「ふわく」の山行で、２０１１年10月のことであった。男性６名、女性４名の計10人で、名古屋からマイクロバスでいわゆるメルヘン街道を通って稲子湯へ行くが、途中の麦草峠周辺は道路に車が長蛇の列をなして駐車しており、大渋滞であった。ここで昼食をとって、みどり池畔のしらびそ小屋を抜け、本沢温泉に泊まった。このコースの八ヶ岳の東斜面のカラマツの紅葉は西斜面とはちがってかなり進んでいて、見上げると青空に映えて見事であった。翌日は私には初めての白砂新道を東天狗に登ったが、むきだしの岩峰の頂上は冷たい風が強く、直ぐに西天狗に向かった。途中の鞍部で少々早い昼食をとり、西天狗で小休止して唐沢鉱泉に下山した。天狗岳では、登山者の年齢構成の近年の変化を示すように若い男女の姿が多く、ことに花が咲いたような「山ガール」のカラフルな登山ウェアは、街の繁華街を思わせるほど華やかであった。展望は以前と同様、この時も絶佳といってよかった。

【赤岳】

赤岳に登ったのは、１９９３年7月29日のことであった。前日車で美濃戸まで入り、小松山荘の駐車場に車を置き、南沢のコースを辿った。時々沢をまたぐが、大部分は樹林帯の中のコースで、人とは殆ど行き交うことはなかった。やや広い河原に出ると、がっちりした岩山の横岳が眼前に立ち現れる。そこから宿泊する行者小屋はすぐだった。風が強く、雲も多い天候であったが、夜は星空ものぞいて北斗七星がくっきりと見えた。ただ月はにじんでいた。

翌朝起きると、素晴らしい好天で、赤岳・横岳が黒々とした山塊を見せていた。6時過ぎ山に向かう。宿泊者30名あまりの大部分は、登高時間の短い文三郎道をとるが、私は傾斜が緩やかな中岳コースをとった。阿弥陀岳との鞍部までは樹林帯で、誰１人とも会わず静かな山の雰囲気を味わいつつ登る。鞍部に出ると、遠くに富士山、間近に権現岳が見え、南アルプスも一望のもとに広がる。中岳に登って、また下って赤岳への急登にかかると、文三郎道からの登山者と合流する。赤岳への登りは急峻な砂礫地でかなりきつい。頂上へは8時に着く。遮るもののない３６０度の眺望で、見渡せば北アルプス（穂高岳、槍ヶ岳、乗鞍岳）、御嶽山、中央アルプス（木曽駒ヶ岳）、南アルプス（北岳、甲斐駒ヶ岳、仙丈ヶ岳）の他、富士山、奥秩父、浅間の山々が視界に広がる。絶景である。気分爽快であったと日記に記している。

地蔵尾根分岐より横岳を望む

赤岳頂上と私

さすがに八ヶ岳の最高峰で登山者は多い。頂上小屋は改装のためヘリが物資輸送を繰り返していたのが少々煩わしかったが、たっぷり景観を楽しんで、9時過ぎに横岳に向けて下る。鋭い岩山である横岳へは険しい岩峰の登り下りの繰り返しで、鎖場も連続する。10時、山頂に着く。ここで昼食をとるが、弁当のおにぎりがごっちん飯で、一個を食べただけで後は止めた。ゆっくり休んだ後、一気に下って11時、砂礫地に可憐なコマクサの咲く硫黄岳石室に着く。もともとはここで一泊する予定であったが、時間も早いので、また心配していた足の調子もそう悪くないので、思い切って下山し、唐沢鉱泉泊まりに変更する。足のストレッチなどの準備をしっかりして、11時40分に小屋を出発して硫黄岳山頂へ向かう。山頂は広く、あちこちにケルンが積まれている。これまでに夫婦と長男との3人で、本沢温泉に泊まり、川の近くに設えられた露天風呂を楽しんだ翌日、赤茶けた大きな爆裂火口の絶壁を見ながら、夏沢峠からここに登ったことがある。また前記のように大学の同僚と赤岳鉱泉小屋からここに登ってきて、天狗岳に抜けたことがある。ここは三度目になる。小休止の後、赤岩の頭を経て赤岳鉱泉小屋に13時に着く。ここからの帰途、痛み始めた足をかばって沢で足を冷やしたりしながら、15時に美濃戸小松山荘に着いた。車で唐沢鉱泉に辿り着いたのは16時過ぎの夕刻であった。入浴後の夕食ではうまいビールを飲み、名物の鹿肉の刺身を初めて食した。テレビは七政党による細川首相擁立の話題しきりであった。

［蓼科山］

蓼科山に登ったのは、1997年8月21日のことであった。前夜天気予報を見ると好天なので、急遽山行を決め、朝6時、車で蓼科に向かい、9時半に白樺高原のスキー場のリフト乗り場に着く。リフトで御泉水入口まで上がり、そこから7合目、馬返しを経て、将軍平に11時半に着き昼食をとった。今挙げた御泉水、馬返し、将軍平という地名について、『八ヶ岳挽歌』には、このあたり南北朝時代に南朝の武将や親王が山伏に扮して、また南朝に与する吉野の山伏などが、しばしばここを行き来していたこととの関連を指摘している。将軍平については、坂上田村麻呂が蝦夷平定の途次、蓼科山に登って戦勝を祈願したことに由来するというのが通説であるが、この本では南朝の征夷大将軍でもあり、この地と縁のある宗良親王に由来するのではないかと推察している。

12時に山頂に向かい、12時半着。山頂は火山の噴出物の岩が一面に広がる溶岩台地で、中央に神社がある。南に延びる八ヶ岳連峰はガスの合間に見え隠れする状態であったが、眼下の蓼科湖方面は一望の下である。西の八子ヶ峰も間近い。強い風が吹いていて心地よかった。眺望を楽しんで、14時過ぎに将軍平まで下った。宿泊はこの将軍平にある蓼科山荘にとったが、夕食はお惣菜風で山小屋の食事としては珍しかった。宿泊者は全員で7名。大きなリュックを持参する愛媛大学医学部W・V（ワンダー・フォーゲル）というシャツを着た70歳前後と思われる高齢の男性が、明日から南八ヶ岳まで縦走するということであった。昔とった杵柄ということであろうが、その壮健ぶりに感心することしきりであった。

翌日はガスの中を6時45分に山荘を出発し、東に天祥寺原まで下る。かつて夫婦と長男との3人で、大河原峠から双子山、双子池、亀甲池を通ってここまで足を延ばし、峠に戻ったことがあった。このとき紫色のマツムシソウを初めて見て印象に深く刻み込まれた。よく花の名前は忘れる私だが、この花は例外の一つである。今回もこのマツムシソウをはじめ、アキノキリンソウ、アザミ、ホタルブクロ等々の花々が咲き乱れていた。また前回は亀甲池は涸れて水が殆どなかったが、今回は満々の水であった。樹林に囲まれた薄いガスの漂う深山の満水の池の風情は、いささか幽玄で人の気持ちをつかみ取る。亀甲池から北横岳への登りは急坂でかなりきつく、樹林の中をときどき這うようにして登った。少しコースからずれていたかもしれない。ガスと強風の山頂には9時半に着いた。この山頂で7～8人の登山者

冬の縞枯山荘と私
（クロスカントリー）

に出会うまで、殆ど人影を見ない静かな山歩きであった。小休止の後、七ツ池に回り縞枯山荘に向かう。11時に山荘に着いて、ここで昼食をとった。この山荘には一度宿泊したことがある。夫婦でクロスカントリー・スキーを始めて間もない１９９０年１月のことであった。夜は冷えて、寝床の脇においた水が朝は凍っていた。２人で縞枯山にスキーをはいて登ったが、その後この小屋の前で妻君が転倒して、そのはずみで左の手首を骨折した。宿の若い従業員に担がれるようにして、ロープウェイまでつれて行ってもらい、下山して茅野の病院で手当てを受けた。いささか苦い思い出である。この骨折事故を機に、夫婦ともどもクロスカントリー・スキーを断念した。往時を思い返しつつ昼食をとった後、ロープウェイで下山。蓼科牧場に置いた車に戻り、白樺湖畔で入浴し、「藤城清治美術館」の影絵を見てこの山行を終えた。

第4章　山の事故・遭難

（1）山の事故・遭難の概況

警察庁の『平成29年における山岳遭難の概況』によれば、山岳遭難の発生件数は２５８３件、遭難者３１１１人、うち死者・行方不明者３５４人、負傷者１２０８人で、発生件数、遭難者数は「統計の残る昭和36年以降最も高い数値をしめした。」という。このうち目的別では7割以上が登山によるもので、態様別では道迷いが40・２％と最も多く、次いで滑落が16・８％、転倒が15・１％となっている。年齢別では、遭難者のうち40歳以上が２４１９人で77・８％と多いが、しかし60歳以上だけで１５８８人と全体の51・０％と過半を占めている。死者・行方不明者に絞れば、40歳以上が３１５人で89・０％にのぼり、中でも60歳以上が２２９人で64・７％と全体の３分の２近くを占めている。登山による山の事故・遭難が増加を続けていること、態様別では道迷いが４割、滑落、転倒をあわせると、それで全体の４分の３近くを占めていること、年齢別では60歳以上が多く、中でも死者・行方不明者という最も深刻なものに際立って多いこと、などが分かる。団塊の世代が退職の時期を迎えて久しく、余暇を山に求めて登山人口が増大傾向にあること、しかしこうした高齢者に事故が起こりやすいこと、また一旦起これば深刻な事態になり易いことが、これらの数字に示されているように思われる。

何度か山にご一緒した縁で、登山家岩崎元郎さんから著書『今そこにある山の危険――山の危機管理と安心登山のヒント』（ヤマケイ新書、２０１４年）を頂いたことがある。登山は常に危険と隣り合わせであること、その危険の認識の希薄なことが山の遭難の大きな要因であることが強調され、危険に対処して安心・安全な登山を行う方策が、自らの体験を踏まえて懇切に説かれている。届け出てはいないので上記のような統計には含まれてはいないが、私も山での転倒骨折や危険な道迷いを経験している。この著書の指摘に、私自身思い当たる点が多々あった。

（2）山の事故――私の場合

a　転倒骨折ほか　―　武尊山、聖岳、マナスル西壁

山で転倒して骨折したことがある。２０１３年7月、所属する「ふわく」の武尊山《ほたか》（２１５８ｍ）登山の折りである。前日は赤城の黒檜山（１８２６ｍ）に登って、翌日が武尊山であった。武尊神社の登山口から岩場を設置されたロープ・鎖を使ってよじ登り、4時間強かかって山頂に着いた。昼食後、鞍部の登り下りを繰り返して、山頂標識のある剣ヶ峰へ出た。そこからの急坂の下りは登りとは別コースで、岩と木の根が交錯し、湿って滑り易い。日記には「こんな悪路が長く続いたのは初めての経験。予

武尊山頂上標識

武尊山への登り

定の３時間が４時間半かかり、５時半登山口へ。」と書いている。続いて「当方悪路をすぎた後に、足をすべらし、左手親指の付け根を強打。次第に赤黒く痛くなる。」と転倒事故を記している。落葉の下に隠れていた左に延びる木の根に乗って靴を滑らし、左に転倒したものであった。痛みは次第に引いたが、帰宅して病院で受診すると、左手親指の付け根の骨折だということであった。

それ以外に、崖から二度滑り落ちている。下手をすれば負傷しかねないが、いずれも幸い大事には至らなかった。最初は１９９９年８月の夫婦での聖岳登山の下りであった。前日「椹島《さわらじま》ロッジ」を５時半に出発して、12時に聖平小屋に着いた。地図記載のコースタイムとは随分違った。この登りについて日記に「急坂の植林帯を抜けるとブナとツゲの森。聖沢の吊り橋を渡ってまた急登。ダケカンバの巨木が、横に突き出している。次第にコメツガとカバの木の混合林が続き、それがシラビソ、オオシラビソの森に代わる。沢と水場多く、ノドを潤す。斜面にはお花畑。滝と渓谷を見下ろす展望台を過ぎると小屋に近い。山は縞枯現象が顕著。」と記し、景観の変化を楽しみながら歩いている。

ただ「左足の疲れが強い」と記し、小屋で丹念にマッサージをしている。

翌日は一転風雨となる。小屋の人の天候回復の予想を信じて、5時45分に山頂を目指す。小聖岳を経て険しい岩場と砂礫の急坂を登って、8時20分に聖岳山頂（３０１３ｍ）へ着いたが、しかしガスと風雨で展望はなく、予定の縦走を断念して直ぐに聖平に戻ることにする。下りは少し風雨もおさまり、マルバダケブキに占領されたかのようなお花畑で遊んで、小屋に戻った。翌日の天候次第で上河内岳に向かうことも考えていたが、雨が残っていて下山することにした。5時20分に小屋を出て、椹島のロッジに10時20分に着いた。崖から滑り落ちたのはこの下山中のことであった。「お花畑の下の登山道の崖側の端が崩れ、左足が抜け、草付き場で助かったがガケに落ちる。眼鏡が飛んで、これを失う。」と日記に書いている。

この聖岳については、事故にかかわる後日談がある。帰宅して10日もたった頃、横浜の見知らぬ人から手紙が来た。わが夫婦と同じ日に小屋に同宿したご主人が帰ってこないという。役に立つ何の情報も提供できなかったが、その後の手紙では捜索しても遺体さえ発見できなかったという。転落であったか、道迷いであったか。山の危険を実感させられた。

道路から崖側に滑り落ちたもう一つのケースは、２０１５年3月末のマナスル（８１６３ｍ）西壁を展望するトレッキングの際で、展望地ビムタンからの帰路のことであった。このトレッキングは岩崎元郎さんの「地球を遠足シリーズ」の一環で、カトマンドゥから車でベシサールに入り、翌日悪路をジープに分乗して出発点のタラバニに向かった。悪路とは聞いていたが、とてもその表現では足りない。インドの援助で作られたというが、工事が粗雑なのか、メンテナンスに手がまわらないのか、大小の石と穴ぼこだらけの道で、車は激しく揺さぶられる。高い崖の中腹の狭い道なので肝を冷やすことも再々であった。あるところでは大きい石に乗り上げて動かなくなり、ポーター数人が車の後部に乗って上部を持ち上げてやっと動くということさえあった。

マナスル西壁展望

　トレッキングはドゥードゥー川沿いを登り、ゴでテント泊。夜半雨になる。翌日は森林帯を進むが、老古木のみ残り、あとは燃料用に伐採されている。大きな赤い花をつけたシャクナゲが開花の時期を迎えていた。ビムタンバレーに出て、雪渓を幾つも横切り、柔らかな雪に足をとられつつロッジに向かう。バランスを崩して倒れそうになり、足はパンパンになった。もう限界かと思う頃にやっとビムタン（３５９０ｍ）のロッジに着いた。実は雪は想定外のことで、ロッジの広場は雪原となってい て、テント泊の予定をロッジ泊に切り換えることになった。幸いにも冬季閉鎖していたロッジが営業を始めたばかりであった。この日も天候はぐずつき気味で、マナスルも姿を隠していた。しかし翌日は文句なしの好天。気温も穏やかで風もなく、空には一片の雲もない。濃紺の青空の下、四周に雪を頂いた高峰がくっきりと屹立する。北にパンバリヒマール、その左にペリヒマール、南にプンギ、その左に今回その展望を主目的としたマナスル西壁。大部分の人は、氷河展望のためにその末端付近まで足を延ばしたが、私は山岳写真が目的のもう1人の女性とともにロッジに留まり、氷河が削った谷とロッジの間にある小高い丘に登り、ツアー行程表にある文字通り「ヒマラヤの高峰に囲まれた別天地」の展望を飽くことなく眺めて過ごした。丘の上の小ピークで快適な昼寝も楽しんだ。まさに極楽気分であった。ロッジに戻って、山岳写真を撮り終えた女性と、氷河展望の一行が帰るまで長時間歓談して過ごした。男性と2人だけでこれだけの時間話し込んだのは初めてで、楽しかったということであった。翌日の下山日も快晴で、登りでは見えなかったマナスル、プンギが大きい。マナスルから北に連なる彫像のような山並みも見える。この下山中に、少し広い道に出たところで、バランスを失い足を滑らして、左の傾斜地に落ちた。木に掴まって2~3メートル程の転落ですみ、怪我もなかった。最高齢であった私の側を常に前後して歩いていたポーターが直ぐに、次いでツアーリーダーの山田勝さんが飛んできて2人で抱き上げてくれたが、その間足を止めてくれていた同行者に、休憩の時に失態を謝った。

小氷河湖とプンギ展望

私のこれらの事故に共通するのは、いずれも下山時であることである。私に限らない、山の事故・遭難の多くは下山時に起きている。原因はいくつか考えられるが、何よりも大きいのは、登高で体力を使い、その分余力が失われがちであるということであろう。疲れは足の踏ん張る力を弱め、バランスを失わせ易い。私のケースでいえば、武尊山の転倒の背景にそれがあったと思われる。先述のように、登りに鎖やロープ場があり、体を持ち上げるためにかなり太股を使っている。山頂での食事の後、剣ヶ峰に向かおうとした時に、太股が引き攣った。サブリーダーがくれた芍薬甘草湯を飲んで、しばらくすると症状は軽くなり、皆の後を追った。剣ヶ峰からの下りが、歩きにくく滑り易い悪路で、私だけでなく皆が難渋して予定の時間を大幅に上回った。これらの事が、木の根に滑る足の踏ん張る力を弱めたのではないか。前日小屋に宿泊して疲れはかなり回復していたと思われる聖岳やマナスルの場合でも、登高時の雨や雪で相当体力を消耗していたのがある程度影響していたのかもしれない。

ただ聖岳やマナスルの場合には、それよりもはっきりした直接的原因がある。それは崖に落ちた時の行動が「ながら」であったことである。聖岳の場合は、右手の斜面のお花畑を頭を上げて眺めながら歩いていて足下がお留守になっていた。またマナスルでは、丁度雨がポツリと来て、歩きながらザックから傘を取り出そうとしてバランスを崩した。このように歩きながら他のことに気をとられたり、他の行為をするのは事故をひき起こす原因になる。山で歩いていて、何か別のことをやるときは、ちゃんと足を止めるべきで、「ながら」は厳禁だということを痛感した。

三つのケースに共通なのは、下山時であることのほか、狭い登山路を過ぎて、少しあるいはかなり広い道になってからだったということである。聖岳では横に２人が並んで歩くには充分な幅であったが、武尊山やマナスルではもっと広かった。その点では、左右にあまり気をつかわなくてすむ状況で、普通に歩いていれば滑っての転倒はともかく崖に落ちる危険などない所であった。また武尊山とマナスルでは山歩きも終盤であった。それらが気の緩みにつながった可能性が高い。前記の著書で、岩崎さんは「困難な個所、危険な個所でのトラブルは少ない。危険な個所を抜けて困難でも危険でもない、なんでもないところでズッコケル。』、これは「よくある話だ。」と書いている。緊張を強いられる個所を抜けた後に、気の緩みがくる。同著書には山のベテランの友人が、若い頃谷川岳で非常に難しい個所を抜けて、快適に岩場を攀っていてあっと思ったら、宙吊りになったというケースも紹介されている。私の場合は、特に危険な個所の後という状況ではなかったが、それでも広い道に出て、山歩きも終わりに近いとなると、緊張感は緩みがちになる。

「ながら」を止めること、最後まで「緊張感」を保つこと、これらはその気になれば対処できる。しかし登下山、ことに登高に伴う体力の消耗の問題は残る。それについて岩崎さんは、「山登りでは、山頂に立つまでに全力を使い果たしてはいけない。体力は山頂までに三分の一、下山に三分の一、三分の一の余力を残しておかなくては安心安全な登山とはいえない。」という。体力を使い果たせば、下山中に転倒・滑落をひき起こし易い。そこで岩崎さんが強調するのは、歩くペースである。二分の一にスピードダウンすると必要な力は四分の一で済むという物理の法則に触れつつ、「下山用の体力を残しておくための上手な登り方は、ゆっくり歩くことに尽きる。」という。この点は、ご一緒したことのある登山家田部井淳子さんも同様で、「もっとゆっくり」「早く着いてもいいことはありませんよ」と始終口にされていた。

この問題は高齢になるほど深刻である。私も近年では、距離の長さや標高の高さもさることながら、歩く速さが最も体にこたえるようになってきた。所属する「ふわく」のアルパイン、マウンテイン、ハイキングの三段階のうち、マウンテインの公開山行に申し込むと、私が最高齢であることが多くなった。

ということは、リーダーを含め殆どが、私よりも若い人だということになる。致し方ないことだが、自ずからスピードには差が出る。私のために全体の速さを加減してくれとはいいづらい。今はなんとか頑張ってついて行っているが、果たしてこれがいつまで続くかという思いがしきりである。この点1人の場合や夫婦の場合は、かなりの高峰でも自分のペースでゆっくり歩けるので、疲れも少なく、山岳風景や森の様子にしばし魅せられたり、それらを写真に撮ったり、お花畑でゆっくり遊んだり、山を余裕をもって楽しめる。ただ単独行の場合はいざという時のリスクは高くなる。それらを考えると、「ふわく」や単独行では低山ハイキングを中心に、それより高い山についてはは夫婦で、あるいはガイドを依頼して、ゆっくりとした山行へと切り替える時期が近づいているのかと、迷う。今年9月、夫婦で日光白根山（2578m）に登ったが、ロープウェイ山頂駅からの周遊する登下山で、それぞれ1時間あまりコースタイムより多くの時間を費やした。しかし、この溶岩ドームを巡るゆとりある登下山は、私の国内の登山としては、快晴のもと山と湖の広大な展望にも恵まれ、最も楽しく最も満足度の高い山歩きの一つとなった。

b　道迷い　─　北穂高岳

山の事故・遭難で最も多い原因が道迷いであることは、冒頭の警察庁の「山岳事故の概況」で触れた。

道迷いも私は何度も経験がある。里山やそれに近い所では踏み跡が多く迷い易い。また方向を指示する標識のない枝道や分岐でもそうである。しかし道迷いはしても殆どの場合直ぐに気づいて引き返し、一度を除いて危険な状況に陥ったことはない。その一度とは、何かに魅入られたような判断ミスで、登山道とは全く別の谷筋に入り込み、危うく滑落死をしかねない経験をしたことである。

２０１３年９月の北穂高岳登山の時のことで、横尾から涸沢を経て山頂に向かったが、日記には「自らのミスから遭難寸前の苦い体験をした」として、次のように記している。「途中自らの不注意のミスで道に迷い、予定の南稜コースではなく北穂高沢に入りこんでしまう。ここは浮石と岩クズばかりで滑り易い。戻れば滑落は必定なので、登るしかないと判断し、崖ぞいの比較的大きな石の多い所を選んで登ったが、手がかり足がかりのない所も多く、足でケリを入れて支点を作ったりしながら、三点確保を心がけて登るが、時々ズルリと落ちはじめダメかと思ったことも数度。途中携帯で小屋にＴＥＬするが圏外。覚悟をきめて登るが、最後近くに岩場。危ない思いをしつつ、岩場経験はないものの、何とか登って、登山道に辿り着く。足は各所がケイレン。着いた所は北穂山頂直下。よく辿り着けた。……小屋に着くと激しく吐く。３時間緊張しっ放しだったためだろう。」。

補足しておくと、涸沢小屋で大休止して南稜コースを登りはじめたところ、登山道が整備補修の工事中で、迂回の指示があった。指示に従って踏み跡のある所を歩いたが、途中に迂回のルートを示すものもなく、そのまま別の谷筋に出てしまった。ここで引き返せば本来のコース近くに戻れたはずである。

しかしその谷筋を眺めていると、デポの跡らしきものや踏み跡らしきものもあり、何かに魅入られたように、その谷筋を登り始めた。決定的な判断ミスであった。この時の気持ちの動きは今もってよく分からない。最初は崖沿いで足場となる岩も多かったが、次第にそれも少なくなり、戻ることも考えたが、状況からみて下りで足場を作るのは難しく、滑落は必定と判断した。この判断も正しかったかどうか。ここで小屋に連絡をとろうとしたが、圏外でだめであった。結局岩クズばかりの急傾斜の谷筋を登るはめになった。足でケリを入れて小さな足場を作り、手は手で小さい穴を掘って、三点確保を念仏のように頭で唱えながら、斜面に這いつくばって亀の歩みのようにほんの少しずつ登った。必死であった。落ちれば滑落死は免れない。ズルリといきそうになる度に、こうして人生の幕を下ろすのかという思いがよぎった。最後に岩の崖が立ちはだかった。迂回すればまた滑り易い岩クズを登らなければならない。落ちたら仕方がないと覚悟を決めてこの岩を攀じ登ることにした。さほど高い崖ではなかった上に、幸い手がかり足がかりがあって比較的楽に上部に出ることができたが、しかしその後もまた岩クズの斜面であった。ただもう上方に登山道を歩く人の姿が見えた。気を抜くなと自らに命じた。登山路に辿り着き頂上でひと息ついて、快晴の北アルプスの大展望を眺めてすぐ直下の小屋に入った。小屋のテラスからは大キレットとその背後の槍ヶ岳が眼前であった。文字どおりナイフリッジである。遭難が多い状況を実感できた。小屋には周辺の遭難情報が貼りだされていた。危うく私もその1人になるところであった。

北穂高岳頂上と槍ヶ岳遠望

北穂小屋より大キレットを望む

深田久弥『日本百名山』に自らの道迷いを記した個所がある。会津駒ヶ岳の部分である。「六月半ばの快晴の日、ただ一人この山に在るという幸福感が私を恍惚とさせた。少し有頂天になりすぎたのかもしれない。下山に際していい気持ちで残雪の上を駆け下って行くうちに、登山道に移る接続点を見失ってしまった。いくら探しても分からない。とうとう私は気を腐らして谷川へ下った。そして未知の谷に軽率に足を入れることが、いかに愚かな所業であるかということを、それから三時間の悪戦苦闘で思い知った。

顔に傷を作って檜枝岐へ着いた時はもう薄暗くなっていた。親切な宿の主人は『上の沢でよかった。下の沢だったら絶対に下れません。早高生の遭難は下の沢で、屍体をわざわざ尾根まで運びあげてからおろしたのです』と言った。」

深田を持ちだして、自らのミスを割り引こうというのではない。道迷いからくる遭難死の危険をあの深田も経験していることと、自らの経験とを照らし合わせて、深刻な事態に陥りかねない道迷いの危険を、あらためて再確認しておきたいためである。

道迷いによる死の危険は、何も高山で起きるだけではない。居所の近く、瀬戸市に海上の森という里山がある。一番高い物見山でも３２７ｍである。比較的によく歩く所だが、もう10年程前になろうか、好きな枝道を登って幹となる道に出る所で、遮るように県の職員が杭を打っている。理由を聞くと、沢筋に入り込んで出られなくなった老夫婦が遺体で発見されたので、枝道に入り込まないように作業をしているのだという。里山でも起こりうる道迷いによる死の危険の一例である。いま一つの例を挙げよう。私のゼミ生の1人が山で死亡したことがある。属していたサークルが、鈴鹿の竜ヶ岳の麓で夏合宿をやり、その打ち上げに宇賀渓巡りのハイキングをやった。その途中の長尾滝の上部で行方不明となった。当日の捜索では発見できず、翌日滝壺に浮いているのが見つかった。ハイキングのコースは、子供連れの家族も歩く、特段に危険な所もないコースである。私も何度か歩いている。葬儀の際、1人息子を亡くした母親の嘆きは見るに忍びなかった。

［追記］上記の北穂高岳のケース以外に、危うく事故死をしかねない状況に陥ったことがある。山とは関係がないが、事故死の危険という共通点でここに記しておくことにする。はるか昔の小学校時代のことである。

コロナ禍で自宅で過ごす時間が多くなり、昔の映画をみる機会が増えた。過去に見た映画が大部分で、大抵ストーリーを忘れていて途中で思い出す場合が殆どだが、ごく最近見た1990年時代の映画「スタンド・バイ・ミー」は初見であった。この映画は、アメリカの地方の小都市の、小学校卒業間際の4人の少年の冒険物語で、後に作家となったそのうちの1人の回想録の形である。なかなか味わい深いいい映画であった。漏れ聞いた森の中に残されているという女性の死体を発見しにいく途中で、近道をするために鉄橋を渡る場面がある。半ばほど渡ったところで後ろから列車がやってきて、2人は渡り切ったものの、もたもたしていた2人は危うく轢かれそうになって、下に飛びおりる。一瞬ドキッとさせるが、飛び下りた所が土手で命拾いをする。実は私も小学校4年生の時に、この映画の場面と同様の経験をした。

喧嘩っ早い岩松君とひょうげもの（九州の方言で、おどけものといった意味）の増田君を誘って、佐賀県西端の郷里の中心地・伊万里町に映画を見に行った。状況が状況なだけに、その後転居して顔をあわす事もなかったのに、今なお名前がはっきり記憶に残っている。伊万里町までは4キロほどの距離がある。親に内緒で子供たちだけで離れた町に映画を見に行くのは、ちっとした冒険であった。途中近道して有田川の下流にかかる長い鉄橋を渡ることにした。川面からの高さもかなりあり、下を見ながら恐る恐る歩いていると、川岸から大きな声がする。振り返るとしきりに前の方を指さしている。前を見ると列車がやってきている。下ばかりをみていて気づかなかった。慌てて戻ろうとしても長い鉄橋なので戻ることはできない。幸運にも鉄橋の中ほどに川に張り出すように造られた作業用の待避所が目に入り、そこに駆け込むと同時にゴトゴトと待避所を揺らしながら列車が通過していった。一瞬遅れれば命を落とすところであった。川岸から叫んでくれる人がいなかったら、また途中に待避所がなかったら、恐らく3人はこの世から消えていたに違いない。このことは強烈に記憶に刻まれていて、映画を見てあらためて往時を思い返した。

（3）愛知大学山岳部の薬師岳遭難事故と慰霊登山

a　遭難と遺体捜索

薬師岳中腹で「太郎平小屋」を営む五十嶋博文さんが、兄一晃さんが編んだ小屋50年史の別冊『岳は日に五たび色がかわる』（以下別冊）の中で、愛知大学山岳部の遭難事故について「38豪雪といわれた昭和38年（１９６３年）１月、厳冬の薬師岳において愛知大学山岳部の部員13名が全員死亡という痛ましい遭難が発生した。１パーティーの遭難者数では、それまでの日本登山史上かつて前例を見ない冬山遭難であった」と記している。また「38遭難後、再びこのような遭難をおこしてはならない、と願う遺族と愛知大学の強い意思のあらわれによって次のことがおこなわれた。」として、「・昭和38年（１９６３年）８月、薬師岳登山口である折立に、13人の遺族の心からなる追善供養『十三重之塔《とみえのとう》』が建立された。・昭和39年（１９６４年）８月、愛知大学により薬師平、すなわち38遭難時の第3キャンプ跡に大ケルンが建てられた。［中略］・昭和39年（１９６４年）10月、愛知大学ならびに遭難学生遺族により薬師岳山頂近くの東南尾根と登山道との分岐点（標高２８９５ｍ地点、次薬師）にケルンを造り、その中央に穴を掘って木造の仏像を安置した。」ことを紹介している。五十嶋さんがこの遭難事故に詳しく触れているのは、愛知大学山岳部のメンバーと冬山登山のための秋の荷揚げの際にウイスキー等を飲みながら親しく歓談し、また同山岳部のパーティーがこの小屋に宿泊して薬師岳山頂に向かったという事情、そして何よりも遭難者の捜索に五十嶋さんが献身的に従事されたといった事情からであろう。

この遭難事故には、私は直接の関わりをもたない。しかし１９６９年から私は愛知大学に勤務することになり、また後年の学長時代には、十三段からなる石塔「十三重之塔」の説明碑の更新時に、大学同窓会の主催する薬師岳慰霊登山に夫婦で加わったこともあり、遭難事故の状況やその後の遺体捜索について、前記別冊などを参考に少し詳しく触れておきたい。

愛知大学のパーティーは１９６２年12月25日から翌年1月6日までの行程で、冬の薬師岳に挑んだ。1月1日の出発予定は大豪雪の悪天候で小屋に足止めされ、2日に行動を開始し、途中の薬師平にキャンプを設営した。記録係の遺体から発見された「登山日記」によると、この日全員が登頂を試みたが、悪天候のため引き返してビバークしたこと、翌日も風雪強く全然動けなかったこと、天候の好転を待つしかないことを記し、皆は元気であるが、食料も少なくなりいつまでもつかと不安を記している。3日以降の記録はないという。遺体の発見状況から見ると、この日に太郎平小屋への下山を試みて、ルートの違う東南稜の尾

薬師岳頂上直下の慰霊ケルン

根に迷い込んでいる。北アルプスを隈なく歩き、三俣蓮華小屋、雲の平山荘など幾つも小屋を営む伊藤正一さんは『黒部の山賊』（山と溪谷社、２０１５年［１９６４年　実業之日本社版の改版］）で、山頂の約５００メートルの南で稜線は左右に分かれていて、この左右の尾根の分かれ目は、稜線が広く、霧の多い日は夏でもまちがいやすいところで、また冬の薬師岳の荒れ方は猛烈なもので、吹雪けば粉雪のために自分の腰から下は見えず、こんなときには自分の身体がどちらの方向へ動いているかの見当もつかないといい、多分東南稜に迷い込んだのではないかと、遭難の情報を聞いた時に直観したことを「薬師岳の遭難」の部分で書いている。この遭難については、愛知大学の遭難報告書『薬師』（１９６８年）をはじめ、この遭難事故に触れた文献で、メンバー構成、準備・装備の不備等々が厳しく指摘されているが、直接の原因が豪雪と猛吹雪が道迷いを生じさせたことにあることは確かであろう。

下山予定の日を過ぎても連絡がなかったため、愛知大学は遭難の可能性が高いとみて富山県警に捜索を依頼した。1月16日から捜索隊が入山したが、豪雪のため折立から太郎平小屋までも辿りつけない状況であった。マスコミの取材競争が過熱化する中、1月22日、朝日新聞のヘリコプターが、あるいはここに避難しているのではないかと微かな望みをかけられていた太郎平小屋の脇に強行着陸し、本多勝一記者の「来た、見た、居なかった」という見出しの記事はスクープとなった。これはシーザーがゼラの会戦に勝った手紙で「来た、見た、勝った」と報告した有名な表現をもじった見出しであった。当時この遭難と何の関係もなかった私もこの記事を読んだが、今もって記憶に強く残っている。奇しくも、「ふわく」にほぼ同時に入会した間瀬寿男さんは、NHKに入った早々であったが、山の経験があるというので、この遭難事故の現地取材を命じられたという。その後も大捜索が続いたが、手がかりもつかめず1月27日、捜索活動もいったん打ち切られた。

遺体の最初の発見は、その年の3月23日、冬山訓練を行っていた名古屋大学山岳部の6人のパーティーによってであった。東南稜の先端付近に横たわる5人の遺体がそれであった。その後の捜索によって5月までに計11名の遺体と遺品が発見されたが、残り2人の捜索は難航した。この捜索過程については、前記別冊でそれに終始関わった五十嶋さんが詳細に書いているが、最後の2人の発見は親の子供に対する執念とも言うべき愛情を感じさせて感動的である。6月からは2人の家族を交えてパトロールが再開されたが見つからず、最後の願いをこめて、8月17日から20日まで大捜索が行われた。結局手がかりも得られず、捜索は打ち切られた。五十嶋さんは書く。「だが子供を失った鳶田さん、鈴木さんは、あきらめがつかない。それからは薬師岳にかよい始めた。私も必ず付き添った。……立山ガイドの人たちにも頼んで合同で探した。鳶田さんも1週間ほど山にいてはあきらめて名古屋に帰り、また登ってくる。鈴木君のお母さんと一緒に登り、70歳になるおじいさん、小学生の子供もつれて薬師岳までくる。遺骨のかわりに東南稜の石を持ち帰るが、それでもあきらめきれない。」。最後の最後、遺族側も大学側も10月15日以降は捜索中止と決めて、鳶田さん、五十嶋さん、それにガイド4名の計6人で、10月13日薬師沢小屋に入り、翌日二組に分かれて東南稜から出ている沢の2つを捜索することになった。このうち、鳶田さん、五十嶋さんの組の１人が滝の上部で「骨がある」と叫んだ。五十嶋さんは、「それは鈴木君の遺体であった。鳶田さんの体はガタガタふるえている。……すぐそばに『ＡＡＣトビタ』と書かれたオーバーと手袋が見つかる。……鈴木君より上部の滝の中央に大きな岩があり、その下に鳶田君が見つかった。……肉親の愛ほど強く尊いものはないと今さらのように頭がさがる。」と書いている。東日本大震災の津波に子供を奪われた親が、８年たったいまも遺体や遺品を捜しつづけていることが報じられているが、共通する執念ともいうべき子に対する親の愛を感じる。と同時に、ここまで遺体の捜索に尽力された五十嶋さんはじめ立山ガイドの皆さんには言葉にならない敬意を覚える。学長時代の大学50周年の記念講演の際、このくだりにさしかかると突然涙が溢れ出て、言葉を失った。13名の遺体の発見をもってこの遭難事故は幕を閉じたが、当時の本間学長はこの責任をとって辞職した。本間学長は敗戦まで上海にあった東亜同文書院大学の最後の学長であり、引き上げてきた教職員、学生が中心となって造られた、その後身ともいうべき愛知大学の事実上の創設者でもあった。請われて２年間に限定して初代の最高裁の事務総長も務めている。

険しい山岳があり登山者の多い県では、遭難事故の際には山岳警備隊の活動が欠かせない。この山岳警備隊の誕生の直接のきっかけになったのも、上記の薬師岳遭難事故であった。富山県警察山岳警備隊編『山岳警備隊　出動せよ！』（東京新聞出版局　２００２年）には、「遭難史に残る愛知大学山岳部13人の薬師岳大量遭難は、富山県に全国でも稀な登山届出条例制定の機運を生み、山岳警備隊発足のきっかけともなった。」と書かれている。遭難事故が多発する中で、「警備隊員は粗末な自前装備で頑張っていた。装備・技術がなければ冬山の厳しい現場出動はできない。……自力で救助活動ができる警備隊を作るため、体制の強化や装備の充実」が課題となるが、そのためには警察組織の改変という困難な問題を解決しなければならない。しばしば報じられる山岳警備隊の活躍は、こうした経緯を経て可能となったのであろう。しかしそのきっかけとなった薬師岳遭難時はまだ、それこそ「粗末な自前装備」での救助活動であったはずで、この県警察官の多難な活動にも深く感謝しなければならない。

一言付け加えれば、薬師岳遭難事故は全国的に注目を集めたこともあって、遭難捜索のために学内外から、多額の寄付が寄せられた。それは大学の拠出金と併せて捜索費用に充てられたが、事故処理が一段落したあと、そのうちの一部（１００万円──全収入の一割に当たる）が、遭難時の多難な活動への感謝の思いを託して、富山県警の山岳救助活動のために寄付された。

［追記］五十嶋博文さんに拙著『山と森を愉しむ』を送呈したところ、折り返し読後感を添えたお礼状とともに、兄一晃さんの著書『類例のない伊藤孝一の登山』を頂いた。その冒頭に「伊藤孝一一行は、大正後期に「雪の立山、針ノ木越え」と、北アルプス最奥の山域で展開された「雪の薬師、槍越え」山行をなし遂げ、その全行程を余すところなく撮影した。前者を撮影したフィルムは、雪山の作品としては日本最古のものであり、後者は積雪期未踏の山域を開拓したこと、登山根拠地での一夏の作業と偵察

山行を含めた全行程を撮影した上、雪の北アルプス中枢部をくまなく撮影した功績は、日本近代登山史に異彩を放ったものと言え、開拓的登山と日本最初期の雪山撮影は、類例のない登山スタイルで成就した。」と書かれている。ここで称揚されている伊藤の登山史上の功績は、著者によれば日本登山史上「抹殺同様に扱われている」という。それは彼が名古屋の富裕な実業家で、莫大な資金を投じて、「雪の薬師、槍越え」では3カ所の山小屋を建設し、大勢の山案内人や作業員を雇い、高級な外国製撮影機材や高価な登山装備品を購入した登山スタイルが、「大名登山」「大名旅行」と揶揄されたという事情、また彼がわずか上記二つの雪山越えで山から遠ざかったという点も、こうした取り扱いと無関係ではあるまい。この著書は丹念に資料を探索し、その業績の再評価を試みたものであり、これによって私はこれまで全く知らなかった日本登山史の一ページを教えられた。

b　慰霊登山

薬師岳には二度登った。いずれも前記の遭難の追悼・慰霊の意味をこめた登山であった。最初に登ったのは、１９９７年8月1日のことで、早朝のバスで着いた折立を8時にスタートした。しかし途中で小雨になり、雨具をつけて3時間半で太郎平小屋に着く。ここで昼食にラーメンをとり、１時間半かけて雨の中を薬師岳山荘まで登った。小屋に着くと雨は止んだが、ガスで眺望はない。ただ夜8時過ぎ外

薬師岳頂上の慰霊登山の一行

に出ると、満天の星で「シャンデリアのような星の輝き」であったと日記に記している。宿泊した登山者は少人数で、その中の１人が確かニュージーランドから来た若者で、短期間に百名山を完登する試みの最中であった。

翌朝４時、薬師岳山頂を目指した。40分かけて登った山頂もガスに覆われて眺望はない。足下の大きなカールも見えない。５時15分下山へ。薬師岳山荘で朝食をとり、７時半に太郎平小屋に着く。ここからはガスの合間に、黒部五郎岳や水晶岳が大きく見えるが、肝心の薬師岳は依然濃いガスの中であった。８時、思いを残して折立に向かう。日記に、「天候に恵まれなかった山行だが、満天の星と太郎平からの下りの、まるでスイス・アルプスのような草原と林の織りなす景観はよかった。」と記し、また「薬師は愛大に因縁のある山。'63年の冬、13名の山岳部員が吹雪に命つきた山だ。折立には慰霊碑、薬師平には大きなケルンがある。行き帰りにケルンに石を一つずつ積み加えてきた。」と記している。

２度目は、折立にある「十三重之塔」の横に設置された遭難事故の状況や捜索の経緯を記した新しい案内碑の除幕式の折りである。読みとりづらくなっていた古いものに代わるこの新しい案内碑は同窓会富山支部の肝入りでできた。２００５年7月31日が除幕式であったが、前日同窓会富山支部を中心に、13名がガイド付きの追悼・慰霊の登山を行った。私たち夫婦もこれに加わった。登山は初めてという鎌谷克彦支部長や、山岳部のＯＢながら持病をもつ山田義郎さんもいて、9時40分に折立を出発し、ゆっくりしたペースで歩き、15時に太郎平小屋に着く。今回はここから水晶岳、黒部五郎岳だけでなく、薬師岳も大きく見えた。この大展望に、途中ギブアップも考えたという鎌谷さんも感激の様子であった。救援にあたったという山田さんからは、山容を見ながら当時の状況を詳しく説明してもらった。この日シャクナゲの花の咲く太郎山まで往復し、一畳に２人という多数の登山者で混雑する小屋に泊まった。

翌日は4時起床、5時過ぎ出発。山田さんは小屋に残る。10年の年月の経過で、前回に比べ薬師平までの沢の登りがきつかった。薬師岳山荘を経て、頂上尾根の一角、東南稜への分岐（愛大のパーティーがコースを間違えた地点）に立つ慰霊のケルンに手を合わせ、8時半に山頂へ。山頂は人、人、人であった。遠くに槍ヶ岳、笠ヶ岳、針ノ木岳や鹿島槍ヶ岳の大展望。しかしこの頃より空は曇り始め、風も強くなる。8時45分下山へ。11時に太郎平小屋に着き、昼食をとって折立に向かうが、鎌谷さんの足の運びがつらそうで遅れ気味になる。また途中から雨が降り始める。ガイドは15時の除幕式に間に合うかどうか気が気でない様子であったが、ぎりぎりの時間に折立の「十三重之塔」に着いた。すでに多数の参列者が集まり、雨の中読経が始まる寸前であった。

十三重之塔の新説明碑と慰霊登山の一行

この除幕式の様子は、地元の『北日本新聞』に、「愛知大生遭難忘れない」という見出しで、写真付きのかなり大きな記事が掲載された。塔の由来やその建て替えの事情、それに鎌谷支部長や私の談話なども含まれているが、その一部分に「除幕式には雨にもかかわらず大勢の人たちが集まった。武田学長やOBの有志ら13人は薬師岳登頂を終えた足で駆けつけた。十三重之塔の前で慰霊した後、案内碑に掛けてあった白い幕を外した。式後は、そばにある休憩所で懇親を深めた。」とある。こめ懇親会には当時救援にあたった1人の元警察官の方も出席されて、遺体発見の度に荼毘に付した様子や、東南稜のケルンは自分が立てたという説明などがあった。このケルンの解説用の鉄板には、遭難の経緯の説明の後、「このケルンは愛知大学ならびに遭難学生遺族の協力により二度と遭難がくり返されないよう祈りと願いをこめて建てられたものである。昭和三十九年十月　富山県　大山町　富山県警察」とある。おそらくこのケルンを造る実際の作業は、この方が中心となって担われたのであろう。

13人の命を飲み込んだ冬の厳しさなど忘れたかのように、薬師は高山植物の花盛りであった。小屋までの登りでは、黄色のアキノキリンソウの大群落に橙色のニッコウキスゲが点在する。山頂への登りには、ヨツバシオガマ、イワカガミ、アオノツガザクラ等の多彩な色を交えつつ、白い花弁に黄色の花芯のチングルマとハクサンイチゲの鮮やかな大群落が広がっていた。

後　編【内外の山歩き選】

第1章　近隣の山々

愛知県からは北・南・中央という三つの日本アルプスも近い。その意味では日本アルプスも近隣の山々といえるが、それについては別記することにして、この章では日帰り登山が可能な山々に限って、近隣の山々への登山の様子を記しておくことにする。

（1）春日井三山　━　弥勒山・大谷山・道樹山

私の住まいは愛知県春日井市の北東端にある高蔵寺ニュータウンであるが、隣接する岐阜県多治見市との境に、４００ｍを少々超える低山の山並みが連なっている。その中の三つのピークを弥勒山、大谷山、道樹山《どうじゅ》山と呼び、いまでは合わせて春日井三山と別称されている。これらの山頂を繋いで、東海自然歩道の一部（内津峠《うつつ》〜定光寺《じょうこう》）が走っている。山麓に都市緑化植物園（グリーンピア春日井）が整備されていて、ここから三山のいずれにも登ることができる。直登のコースや周回のコースなど多様なコースが設けられていて、手軽に山歩きが楽しめる。最も高いのは弥勒山で４３７ｍ、次いで高いのは道樹山の４２９ｍであるが、ニュータウンから眺めると左の弥勒山と右の道樹山に挟まれた大谷山（４２５ｍ）が最も山量豊かに見える。人気のあるのは弥勒山で、山頂の西に隣接して休憩用の東屋も設けられ

春日井三山、左から弥勒山・大谷山・道樹山

ている。展望がよく、東屋からは小牧市街と名古屋市街が広がり、遠く伊吹山や養老山脈・鈴鹿山脈も望める。東屋の反対側の少し広い頂上部分からは御嶽山をはじめ、広く岐阜・長野の山々を眺めることができる。誰が餌付けしたのであろうか、食べ物をのせて手のひらを広げれば、小鳥（ヤマガラ）が手に止まってつつくのも楽しい。弥勒山は下から見れば、北は緩やかに、南はかなり急に傾斜している。南から登ると距離は短いが急登がまっている。大谷山からは西に少し展望が得られるが、道樹山は木立の中で全く展望はない。ただここには御嶽神社の社殿があり、三山のなかでは他にない独特の雰囲気がある。

この三山は、道樹山に南接する部分が採石によって赤い地肌を見せているのを除けば、全て森に覆われている。今では想像しにくいことだが、このあたりはかつて禿山になっていた時期がある。このニュータウンに住み始めの頃、何かの催しの展示物の中に、この禿山状態を写した写真があったことを記憶している。市の編纂した『春日井市史』によれば、このあたりの山は「かつて瀬戸、多治見方面の陶磁器業の燃料として濫伐され」「明治以後植林をなおざりにしたため、一部を除きほとんど禿山に近い状態で、土砂の流失や一時の出水による被害も少なくなかった。」という。その後、砂防工事とともに造林にも努めたものの、「戦中から戦後にかけて再び燃料不足から濫伐され、昭和30年ころまでは薪が瀬戸方面に陶磁器用燃料として盛んに出荷されていた。」という。陶磁器業の近代化によって薪の需要が減少するとともに、愛知県が山の6割を伐採制限林とし、また治山治水の一環として造林事業を本格化して、ようやく山に森が蘇ったらしい。もともと土質は「痩地で樹木の生育にはあまり好適な条件とはいえない」というが、日本の湿潤な気候が幸いしたのであろう。大谷山の下部に、スギ、ヒノキのいわゆる人工林があるが、この三山は全体としては第二次自然林に近い。

弥勒山頂上風景

弥勒山は大抵人で賑わっている。各地で見られる例だが、この山に登るのを日課にしている地元の人も少なくないようだ。そういう人はこの山だけで済ますのであろうが、道樹山へ縦走する人や道樹山から縦走してきた人も多い。わが夫婦も、登山口ともいえる植物園まで車で10分程度なので、この三山にはよく登る。地元ということであろうか、妻君は彼女の属する山の会が編纂したガイドブック『東海自然歩道31選』（七賢出版、１９９2年、改版は２０００年）の中で、この三山を含む内津峠〜定光寺の自然歩道部分を担当している。この部分を歩き通すのは、急坂を含むアップダウンも多く、距離も9キロ近くあって結構大変であるが、ただその中の三山に限れば、またその中の一山で済ませば、少々ハードだが散歩の感覚で歩くことができる。日課というには遠いが、私が再々登ったその山歩きの中から、ここでは所属する山の会「ふわくく」絡みの幾つかを記しておきたい。

この「ふわく」の中に「ひとみ会」という有志の会がある。昭和13年生まれの会員の集まりで、「ひとみ」はその13年からとったものである。入会と同時に誘われてその会にも入り、今は会を抜けているが、それまでは再三山行を共にした。会長は事務局長でもあった徳永さんで、その後最もよく参加する山行の一つが徳永さんのリーダーの場合である。私にとってその会での最初の山行は、滋賀県の「近江富士」とも呼ばれている三上山（４３２ｍ）であった。山行を重ねる中、私に登山計画を立てる依頼があった。責任を伴うので、その山行には何度も歩いて様子が分かっている植物園―弥勒山―大谷山―道樹山―桧峠―外之原《とのはら》峠―玉野園地―定光寺のコースを選んだ。ただこうした有志の会でも、会の決まりとしてリーダーには会認定の資格が必要で、それを持たない私は幹事役はつとめたものの、リーダーはベテランの徳永さんにお願いした。

歩いたのは２０１３年３月31日で、８時半にＪＲ高蔵寺駅に男性３名、女性５名の計８名が集まり、バスで植物園に向かった。このころから雨がポツリとくる。必要な準備を終え、いったん園外に出て、県道脇から林道コースに入り弥勒山に向かう。一時激しく雨に降られたが、11時に山頂に着いた。ひと休みして、大谷山から道樹山への縦走コースを辿る。11時50分、道樹山頂で昼食をとり、12時半に再スタートすると、雨は止んだ。緩急の下りを繰り返すと、長い急な階段に出る。いつものことだが、階段は歩きにくい。それを下りると桧峠である。そこから林道を少し下り気味に歩いて、再び自然歩道に入り、登り続けて外之原峠に出た。さらに玉野園地に向かう。長い林間の道であった。思ったより長いですね、と１人の女性がつぶやいた。15時10分、玉野園地に着く。ここから「ふわく」でもよく使っているロッククライミングの練習場を横目に、定光寺の駅までは短い距離を下る。行程中、外之原峠からは、ショウジョウバカマのピンクの花の大群落が続いていた。またコースのいたるところで、満開のミツバツツジとヤマザクラを眼にした。天候には恵まれなかったが、春の気配を楽しむことができたし、責任を果たせてひと安心であった。

私が春日井三山に登る場合はあるはっきりした傾向がある。それは大谷山一つだけに登るということがない点である。弥勒山と道樹山の場合には、その山だけに登る場合も少なくない。だからといって大谷山の山頂を踏む機会が少ないというわけではない。長短は別にして山稜を歩く場合は、かならず大谷山を通る。しかしこのようにこの山頂を踏むことの多い割には、私にとってはここは通過点という印象が強い。何故か。それはこの山が弥勒山はどの展望の良さに恵まれていないという点、あるいは道樹山への登高ルートがもつ程の魅力に乏しいという点から来ているように感じられる。弥勒山の展望については先述した。道樹山の登高ルートについていえば、山麓の細野の集落から山頂までに、先ずその入り口に火祭りが行われる秋葉神社がある。そこから三つのルートがあるが、そのうちの二つは不動明王の祠を経て小さな滝に出るまでは同じで、そこから先が沢道と階段を登って出合う尾根道とに分岐する。尾根道は秋葉神社の裏の尾根から山頂に通じる道で、分岐の階段を登るとこの道に合流する。どれをとってもそれなりの味わいがある。この尾根道はそれから先が岩の多い階段状のかなりの急登で、喘《あえ》ぎながら登る。それもまた一興である。

もう一つの傾向は、この三山に登る場合、最初のうちは道樹山が中心で、次第に弥勒山に重点が移動している点である。大学を退職した２００９年までの20年あまりは、定光寺から自然歩道を縦走するような場合を除けば、登った山は殆どが道樹山だけである。退職後は三山に登る頻度も多くなったが、山頂を踏む回数は道樹山を1とすれば弥勒山が2という比率に変わってきている。歳を重ねて道樹山への尾根道コースが知らず知らずのうちに負担になってきているのかもしれない。弥勒山についても、短いが急登のある南から登るよりも、比較的傾斜の緩い北から登ることが多くなっている。特にある時期から、大回りして距離は長いが趣のある西尾根コースのあることを知り、私の好みに合うのでよくこのコースを利用するようなった。このコースをとれば自ずと弥勒山には北から登ることになる。そのコースを初めて歩いた時のことを記しておこう。

２０１３年5月18日に、「ふわく」の「宣伝山行」に同行した。当時この山の会は会員数が漸減傾向で、それをくい止めて新入会員を増やすことが一つの課題であった。今は一変して増加傾向に転じて、当時からは１００名以上増えて総数７１０名を超えている。ホームページを刷新した影響が大きいというが、中高年層で退職した人の増加も無関係ではあるまい。当日９時に植物園へ行き、「ふわく」の一行と合流した。総数23名で、うち６名が新聞で公募した会員以外の参加者で、いわば勧誘対象者であったことになる。私の参加もこの試みへのささやかな協力であった。10時にスタートしたが、コースがいちばん長い外回りの西尾根コースであった。私には初めてのコースで、右折すれば弥勒山に直接通じる表道への分岐点を直進し、少し歩いて谷川につきあたり、それを越えて山道に入る。山腹を走るこの道を登り下りしながら、流れを渡り、西尾根との合流点まで歩く。ここから弥勒山頂までが登りになる。左に谷を見下ろしながら右に左にうねるような道を登ると、山頂に向かう右方向のコースになる。このあたりの森の様子もなかなかいい。少々きつい傾斜を登り切り、自然歩道のコースと合流すると、しばらくで山頂である。縦走コースを歩き、大谷山で昼食をとり、道樹山から下山した。ここは下りも少々神経を遣う。かなり足にきた人もいたらしくスピードは落ちる。14時に植物園に戻り、主として会員以外の人からこの日の感想を聞いて解散した。この山行後、単独であるいは夫婦で弥勒山に登る場合は、大体このコースを歩くようになった。

この三山は「ふわく」の新入会員の研修山行が行われる山の一つである。他には岐阜県の金華山や鳩吹《はとぶき》山などで行われる。私の入会の場合は金華山であった。コンパスやロープの使い方の教習もある。新入会員以外でも参加できるので、私もこの三山での研修山行に任意で二度参加したことがある。また「ふわく」には、会報に掲載して参加者を募る公開山行以外に、会員有志がいわば仲間うちで行う自主山行がある。この比率がかなり高い。公開山行の数は月に40～50程度であるが、それに近い数字になっているのではないかと思う。私もこうした自主山行に何度か誘われたことがあり、また実際参加したこともある。そのうちの二つが、この三山でのことである。一回目は２０１４年１月６日で、植物園で落ち合ってリーダーの鈴木さんをはじめ参加者11名で大谷山に登り、弥勒山を経て、そこから植物園に通じる林道の途中に設けられている東屋「みろく休憩所」で、ぜんざいの昼食をとった。新年を寿《ことほ》ぐ山行であった。女性陣が用意の万端を整えてくれていた。前日登った妻君の話では、御嶽山・乗鞍岳の展望が素晴らしかったようだが、この日はかすかに見える程度であった。二回目もリーダーは鈴木さんで、翌年の２０１５年１月４日、参加者９名が植物園で落ち合って、今度は細野から道樹山に登った。この山頂から大谷山、弥勒山に回ったが、どの山頂も新年山行の登山者でにぎやかであった。前年と同じく「みろく休憩所」で、これも前年と同じくぜんざいの昼食をとった。この三山は、名古屋近辺の人にとっては、近場で登るのにもさほどの苦労はなく、懇親山行の場所としては適当かもしれない。

（2）鈴鹿山脈 ― 御池山、釈迦ケ岳、御在所岳、鎌ケ岳、入道ケ岳、綿向岳、鈴鹿の上高地

近隣の山で最も知られているのは、三重県と滋賀県の県境に南北に連なる鈴鹿山脈の山々であろう。その中に鈴鹿セブンマウンテンズと呼ばれる山がある。主脈に北から南に並ぶ、藤原岳（１１４０ｍ）、竜ヶ岳（１１００ｍ）、釈迦ヶ岳（１０９２ｍ）、御在所岳（１２１２ｍ）、鎌ヶ岳（１１６１ｍ）、入道ヶ岳（９０６ｍ）と、主脈のやや西寄りに位置する雨乞岳（１２３８ｍ）の七座である。これらの山々が俗にセブンマウンテンズと呼ばれるようになったのは、主催者が決めたこれらの山々に登る登山大会がかつて毎年行われていた時期があり、それ以来この呼称が定着したもののようである。しかしここからはこの山脈の最高峰・御池岳（１２４１ｍ）がはずれているし、入道ヶ岳は１０００ｍを切る。御池岳はこれらの山の中では最北に位置し、交通の便もよくない。多分主催者が山へのアプローチの便を考慮してはずしたのであろう。もし私が深田久弥のひそみにならって、七つを選べといわれるならば、入道ヶ岳と御池岳を入れ替えるかもしれない。入道ヶ岳も山頂は広々として気持ちよく、鈴なりのアセビの花が美しい魅力のある山ではあるが、何ぶん標高に差がある。鈴鹿を代表する山というにはやや難がある。

鈴鹿山脈の北部は石灰岩質で、藤原岳では大規模な石灰石の採掘が行われている。竜ヶ岳から入道ヶ

岳の中央部は花崗岩質で、御在所岳の奇岩群は有名である。このあたりの東斜面と尾根道は、岩が崩れて砂礫状になっているところが多い。この山脈には東西を結ぶ幾つもの峠がある。鈴鹿山脈は古代から交通の難所として知られるが、これらの峠が東西の、ことに近畿と東海の生活、文化、政治の交流に大きな役割を果たしてきた。最も有名なのはこの山脈の南端に近い鈴鹿峠であろう。ここは江戸時代に整備された東海道が通り、南東麓に宿場も設けられた。御在所岳のすぐ南を通る武平《ぶへい》峠は、麓の湯の山温泉にある説明板によれば、忠臣蔵の大石蔵之助が京都から人目を避けてここを越えて江戸に向かったという。鈴鹿は歴史を刻んだ山脈ともいえる。峠が東西交通の要衝だとすれば、それは南北に延びる山々へ登る足場になる。峠を経ずに直接目的の山に登ることもあるが、この武平峠をはじめ、鞍掛峠、石榑《いしぐれ》峠などは今は車道も通り、しばしば私の登山の際の足場にもなった。

鈴鹿については、北の霊仙山《りょうぜん》（１０９４ｍ）から南の野登山《ののぼり》（８５２ｍ）まで、主脈上の主な山は一度は登っている。藤原岳、釈迦ヶ岳、国見岳、御在所岳、鎌ヶ岳、入道ヶ岳には複数回登っている。主脈から西寄りの雨乞岳、綿向山（１１１０ｍ）にも登った。これらの山歩きの中から、七つを選んで簡単にその様子を記しておく。

［御池岳］

１９８９年10月28日、夫婦で御池岳に登った。鞍掛峠に向かう途中のコグルミ谷で車を捨て、そこか

御池岳丸山と我が夫婦

ら長命水、白瀬峠への分岐を経て尾根道まで登り、一旦下って鈴北岳への分岐に出る。そこからが御池山頂への最後の登りになる。所要1時間40分で山頂に着く。肉、うどん、野菜のごった煮を作って昼食とした。三組の夫婦やグループと一緒になる。奥の平に出る途中、熊か猪かカモシカか、笹藪の中で大きな黒い動物が素早く逃げるのを見て、用心して引き返し池の平へ向かった。広い谷間にススキの原と池塘があり、見渡す山の紅葉も美しい。池塘の側の手頃な空間に横になり、しばし心地よい昼寝をする。14時過ぎ帰路につき、コグルミ谷を下りて15時半に出発点に戻った。日記には、「御池岳は藤原岳の裏にある奥鈴鹿の山。展望はよくないが、８００〜１０００ｍあたりが、今丁度黄・紅葉の最盛期。尾根のあたりの黄葉が陽に輝いて華やか。点在するカエデの紅葉が豪華な彩りを添える。」と記している。

【釈迦ヶ岳】

２００１年４月15日、１人で釈迦ヶ岳に登った。前日は桂前経済学部長（西洋経済史）の退任慰労会で、友人諸氏12名が集まって、桂夫妻を招待して湯の山温泉でご苦労を労った。翌日、ロープウェイで御在所岳に登る諸氏と別れて、朝明《あさけ》に行き庵座《あんざ》の滝コースをとって山頂に向かった。途中に落差の大きい庵座の滝がある筈であるが、記憶にない。日記に記載もない。ただ涸滝状態にも見える岩壁を危ない思いをしながら登ったことだけは記憶に鮮明である。あるいはコースを間違えたのかもしれない。用心してここを登って松尾の頭に辿り着く。一休みして頂上へ行くと、狭い山頂は男女の7人組に占領されていて、片隅で昼食をとる。下りは羽鳥峰コースをとって15時に下山した。日記には、「朝明は新緑に桜。登山路にはスミレとショウジョウバカマが点在。アセビには白いチョウチン状の小さい花が鈴なり。山頂は芽吹きいまだし。紫色に近い濃いピンクの山ツツジが満開に近い。」と山の様子を綴っている。下山に使った羽鳥峰コースは、この時より5年前の晩秋にここを通って山頂に向かったことがある。尾根道で笹に積もった雪が溶けてすっかり下半身を濡らしてしまった苦い経験がある。山の会が秋に行う「ふわく祭り」の一環として行われた釈迦ヶ岳登山に加わって、八風《はっぷう》から中峠に登り、稜線を辿ってこの山頂に出たこともある。２０１５年10月のことである。

【御在所岳】

御在所岳は鈴鹿で最も有名な山で、それだけに私も何度も登っている。鈴鹿山脈を東から眺めると、左が鎌ヶ岳との鞍部に落ち込み、右は国見岳で、そこから凹凸を繰り返しながら釈迦ヶ岳になだらかに傾斜する特徴的な山容の御在所岳が見える。鈴鹿中央部では最も高く、山量も大きく、やはり鈴鹿の盟主の感がある。2013年4月22日に「ふわく」の山行で、武平峠を滋賀県側に少し下りて茨沢から山に入り、多少道に迷いながらあまりポピュラーでないコースをクラ谷道に出て、一服峠からの郡界尾根を歩いて山頂を目指した。滋賀県側からの、いわば裏からの御在所登山である。コンクリートの御嶽神社を経て、近くに雪の残る山頂広場に登ったが、この山行も普段はあまり使わないコースで印象に強い。ただここでは最もポピュラーなコースだが、単独で中道を登り裏道を下りた時のことを簡単に記しておく。

鈴鹿山脈の盟主・御在所岳（中央）、左が鎌ヶ岳、右が国見岳

1999年4月25日、車でスカイラインの途中まで入り、8時半にそこから中道を辿って山頂に向かった。ロープウェイの下をくぐり、負れ岩とか地蔵岩とか呼ばれる奇岩を眺めつつ、キレットを下って登り返し、10時20分、ロープウェイ終点の山頂駅に着いた。御在所岳では自然の造形の妙を示すこうした奇岩の光景を眺めるのも楽しみの一つである。それもこの山の人気の要因であろう。中腹までは晴れていたが、次第に

ガスが出てきて、風も強くなる。展望もなく、すぐに下山することにするが、今度は裏道を使う。国見峠で慌ただしく昼食をとり、ロッククライミングの道場として有名な藤内壁の前で休んだ。このあたりから下は晴れていた。藤内小屋でゆっくり足を止め、飲み物で渇きを癒して車に戻った。日記に記したところでは、「鈴鹿は中腹までが芽吹きと若葉の季節。赤ヤシオが満開で、コブシの白い花と交錯して、新緑を背景に各所で目をなごませる」。御在所岳の人気はこの赤ヤシオの群生の魅力にもある。

御在所岳の奇岩の一景

山頂付近の霧をまとう赤ヤシオ

【鎌ヶ岳】

２０１３年9月14日に「ふわく」の山行で鎌ヶ岳に登ったが、それ以前に一度、三ツ口登山道分岐から武平峠へ出て、そこから距離の短いお手軽登山をしたことがあり、再訪ということになる。今度はかなりハードな登山であった。実はこの山行は、この年の「ふわく」の夏山登山の訓練山行で、本番は裏劔から黒部渓谷のルートを辿ることになっていた。ただ予定の登山日に友人の叙勲記念の食事会の催しが入り、私は本番は不参加であった。鎌ヶ岳は、鈴鹿では珍しくピラミダルな尖った山容をしており、下から鈴鹿の山並みを眺めると一目でわかる。参加者は男４人、女１人の計５人。

湯の山温泉の市街地を抜け、9時に三岳寺からスタートし、馬の背コースを辿る。おそらく湯の山からでは一番長くきついコースであろう。あまり使われないコースらしいが、ここを使ったのは、本番の訓練山行だったことによる。馬の背を2時間強歩いて長石谷分岐へ。そこを経て、鎌ヶ岳と南に延びる鎌尾根との鞍部にある頂上直下の岳峠に12時過ぎに着く。鈴鹿で一番高い峠という。ここから山頂まではザレた登山道の最後の急登である。12時25分、頂上に着く。ガスが出ていてあまり展望はよくない。若い男女の姿が多く、山ガールだけでなく男性の衣装も色彩華やかであった。13時前下山へ。長石尾根を使い、長石谷登山口に15時15分に着いた。この登下山は、私にとってはかなり厳しく、疲れからかことに下山時に遅れ気味になる。道中サウナに入ったように汗だくになり、衣類もぐっしょり。近鉄湯の山駅で上半身の下着だけ着替えた。9月とあって樹林は春の若やぎも秋の彩りもなかった。

［入道ヶ岳］

入道ヶ岳に最初に登ったのは１９９６年5月19日で、単独登山であった。車で麓の椿大社に着き、直ぐに北尾根コースに入った。樹林の中の急登が続くがナラ、ブナ、カエデの新緑とミツバツツジのピンクっぽい色との対照が眼に鮮やかで、疲れを忘れる。稜線を詰めて北の頭との分岐に出ると、頂上は間近い。10時に出発し、11時45分に着く。山頂は広い草原で、中高年と若者の登山者で混雑するほどであった。パラグライダーが青空を舞う。頂上からの展望もよく、北に尖った鎌ヶ岳が鎌尾根を挟んで間近い。山頂付近はアセビの林が四周に広がり、茶色っぽい若葉と鈴なりの白い花が見事であった。昼食後それらを眺めながら、しばし心地よい昼寝をする。13時下山へ向かい、井戸谷コースを下る。新緑を背景に澄みきった渓流の水が岩に当たって白く泡立つ。14時過ぎ椿大社に着いた。

二度目は２０１４年1月13日で、20年ぶりに近い。この山行は、「ふわく」マウンテイン部の新年山行で、参加者は男30人、女21人という51人の大集団での登山であった。男性が過半というのはこの山の会では多くはない。また私より10歳以上若い人が多かったのは、１０００ｍに満たない山とはいえ、雪の冬山で滑り止めのアイゼン必携という山行だったからであろう。私は二番目の高齢者であった。鈴鹿の冬山は初体験であった。前回素通りした巨木の立ち並ぶ荘厳な椿大社に全員で参詣し、以前下りに使った井戸谷コースを登る。冬雲が多いものの、青空も覗く天候であった。中腹までは登山路に雪はなかったが、山頂に近づくにつれ滑りやすい雪道を歩くことになり、雪に靴を蹴りこんで歩くため、普段

入道ヶ岳頂上より鎌ヶ岳を望む。右端が御在所岳

は使わない筋肉を使って、翌日に痛みがでた。しかし登下山ともアイゼンは装着せずに済んだ。椿大社を9時に出発し11時に山頂に着き、早めの昼食をとったが、さすがに冬山で冷たい風が強い。手袋をしていても手が凍えそうになる。山頂や谷筋に雪の積もる御在所岳や鎌ヶ岳の展望はなかなかのものであったが、それもそこそこに早々と下山することになった。二本松コースを下った。最初はかなり急な下りで、この後マウンテイン部長となり、その任を離れてすぐ急逝された田中忍さんに、ぬかるむ急な下りの歩き方を注意されたこともいまは懐かしい。14時に下山して、キャンプ場の休憩小屋での懇親会で新年を祝った。この山行の翌々月、「ふわく」の山行で、冬の藤原岳に登った際、アイゼンを着けた。それまでは雪の冬山は、スノーシューを除けば近づかないことにしていたので、アイゼンは夏の白馬大雪渓以来の体験であった。

【綿向山《わたむき》】

御在所岳の西に雨乞山があり、更にその西に綿向山がある。雨乞山には１９９６年11月14日に夫婦で、武平峠からクラ谷を歩いて山頂に立っている。それ以来主脈の西側の山には登っていなかった。２０１９年５月23日にふと思い立って綿向山に向かった。この月には、「ふわく」の公開山行に私に適当なものがなく、初旬に夫婦で豊田市の六所山《ろくしょ》（６１１ｍ）と炮烙山《ほうろく》（６８４ｍ）に登ったが、下旬に晴天が続いて山行の気分が刺激され、雨乞以外の主脈西側の未経験の山域に足を延ばしてみたい気持ちが生じた。車で武平峠を越え、日野町に入り北畑林道を終点まで行くと、そこが登山口であった。

ガイドブックによれば、この山は山岳信仰の対象で、幾つかある登山道のうちこの日登ろうとしたのは、山頂の綿向神社に向かう参道だという。しかしこの参道は、通常の参道のイメージとは違い、普通の登山道と変わらない。10時20分にスタートし、ヒミズ谷の流れを渡るとスギの植林帯である。その中を九十九折りにジグザグに登って行く。樹種はヒノキに変わるが、ジグザグ道は続く。３合目の休憩所で一休みする。５合目には赤い屋根の綺麗な小屋があり、入り口に「夢咲の鐘」が吊るしてあって、一突き鐘を響かせた。林道に出て、すぐまた登山道に入り、７合目まで登ると、行者コバの標識と行者堂があった。修験の場所だったようだ。このあたりにはブナが目立ち、またここから上の森は自然林に変わる。森は一挙に明るくなり、新緑が陽に輝いて気持ちがいい。水場の金明水への分岐を経て、一三〇〜四〇段の階段を登ると山頂で、12時半であった。山頂には小振りな神社の祠と石をコンクリートで固

綿向山頂上風景

めた大きなケルンがあった。ケルンは日野町の青年団が１９７０年に建てたもので、町の現況を記したタイムカプセルが埋め込んであり、２０２０年にそれを取り出すと説明板に記してあった。山頂は南北に長く広がっていて、樹木の繁る西側を除けば、遮るもののない素晴らしい展望である。鈴鹿の主脈を御池岳から仙ヶ岳まで南北に一望できる。ただ御在所岳と釈迦ヶ岳の両山は、その手前に大きな山量で横たわる雨乞山に遮られて見えない。その山並みに、鎌ヶ岳の尖った山頂がアクセントをつけている。綿向山は展望の山である。斜面には赤茶色の若葉をつけたアセビが点在していた。中年の男性１人と若い女性２人が、一方は食事をし、他方は写真を撮りあって楽しんでいた。女性の１人に私も鎌ヶ岳を背景に一枚撮ってもらった。昼食をとり、13時半下山へ向かう。帰途にも鐘を一突きした。名古屋の気温は30度だったらしいが、登下山の間、風も涼しく、殆ど汗もかかなかった。快適な山歩きで、展望も楽しめ大満足であった。

【鈴鹿の上高地】

鈴鹿に「ブナ清水」「鈴鹿の上高地」と称される所がある。山頂を踏むわけではないが、鈴鹿を愛好する人がしばしば訪れる所である。いずれも朝明から根の平峠（８０３ｍ）に向かい、前者はその手前で左折する。まばらな踏み跡を捜しつつ山腹を歩いていけば、少し広い谷間に清水が流れ出ている静かな場所に出る。そこがブナ清水である。一度訪れたことがある。少々道迷いをして辿り着いたが、子供連れの一家族が煮炊きしながら食事中であった。

「鈴鹿の上高地」は根の平峠を越えて標高差１００ｍ程を滋賀県側に緩やかに下って、愛知《えち》川の源流部に突き当たった所にある。川沿いに平地が広がっている。ここも静かである。２０１４年5月10日、1人でここを訪れた。満車状態の朝明の駐車場に辛うじて車を止め、9時15分に伊勢谷コースを根の平峠に向かう。朝明のあたりは崩壊が激しく、山も削られている。鈴鹿山脈の中央部は東の三重県側の斜面が崩壊して急峻になっていて、対照的に西の滋賀県側には長い森が緩やかに続いているのが特徴である。コースを歩きはじめると直ぐに、崩壊後の治山工事の個所に出た。崩壊地を抜けるとイワカガミの咲く樹林帯に入る。この時より25年ほど前に、大学の同僚海老澤さん、高須さんと3人で、このコースを根の平峠に出て、稜線を辿って国見岳、御在所岳に向かったことがある。その時はこんな崩壊地はなかった。ただその時の稜線の尾根道は深くえぐれていて、まるでトンネルの中を歩いているように感じた。愛知川に向かう峠の手前のブナ清水への分岐の個所に、ブナ清水行の際にはなかった名古屋市の64

歳の男性の行方不明者を捜しているとの掲示があった。山ではこの種の掲示に時々出合う。

峠で一休みして、西にタケ谷を下る。途中から愛知川に注ぐ渓流沿いになる。11時20分に目的の河畔に着いた。かなり広い平地の中程にカツラの大木があり、その前で昼食をとる。周りを芽吹く新緑の樹林に囲まれて、ただ1人である。聞こえるのは鳥の声と川の瀬音のみで、他に人のいない空間を独占する。予想以上にいい所だ。誰が「鈴鹿の上高地」と名づけたかは知らない。スケールが違うし、何よりも穂高の山並みにあたるものもない。しかし梓川とその川沿いの樹林の雰囲気を想起させるものもなくはない。昼食後、川と樹林を眺めながら周辺を歩くと、「明神池」と称されるわずかに水の溜まる湿地があった。これも上高地にならってつけられたものであろう。1時間ほど静けさを味わって帰路についた。峠からの下りでも、峠への登りでも、それぞれ1人に出会っただけであった。峠に戻ると、数人の休憩中の人と出会うがその中の1人は、前日滋賀県側から御在所岳を目指したものの、道に迷って夜を森で過ごしてここに出てきたのだという。食事もとっていないらしい。話を聞いた別の人が、車を朝明に置いていて下りるところなので、送ってあげるといって2人で下山した。私は尾根筋を北に水晶岳（954m）に向かう。ここからは南に国見岳、御在所岳、雨乞岳、北に釈迦ヶ岳が見えた。中峠まで下って朝明に向かう。中峠からの下りは随所にロープ場の急坂があり慎重に谷に下り、樹林帯を歩いて15時前に駐車場に着いた。このあたりの山歩きでは、いつものことながら、湯の山の公共の施設「希望荘」で入浴して疲れを癒した。

鈴鹿からは離れるが、山頂ではなく専ら山腹の森を目的にした点で共通する山歩きがあり、つけ加えておく。乗鞍岳の西側斜面に広がる「五色ヶ原」のトレッキングである。これは２００８年7月と翌年の10月の二回で、初回が滝巡り、二回目が池巡りであった。「原」とはいいながら、殆どが山腹の樹林の中である。このトレッキングは乗鞍の「案内センター」が主催するもので、滝巡りは90人を11班に分け、ガイドつきで谷の登り下りを繰り返して、水量豊かな、あるいは白糸のような、様々な形状の滝を見て回る。落差が大きく、横幅も広い滝が多い。最後が布引の滝。これは大量の水が轟音を轟かせて落ちる豪快な滝であった。池巡りは、参加者30人を四班に分け、森の中を、あるいは渓流沿いを、池を見、滝を見て歩く。軽いアップダウンのあるコースである。黄紅葉はいまひとつで、雲が出て乗鞍岳の頂上も見えないが、渓流には岩魚が群れ泳ぎ、すばしっこく動き回る愛らしいオコジョの姿も見えた。後半のシラビ沢の渓流はことに素晴らしく、心地よい山腹歩きであった。鈴鹿といい、乗鞍といい、こうした森の中の山腹歩きは、山頂に立つ歓びや達成感とは違うが、森や川や滝や池などを存分に楽しむことができる。満足感では劣らない。

（3）東海の山々

地元なだけに、上記以外に東海地方の山々を歩く機会は多い。ただ静岡県の山は東部がやや遠いだけに全体に頻度は低い。また東海とはいえ岐阜県の北アルプスに属する山々はこの項では省く。これらのうち日帰り登山が可能な近隣の山々を県毎に幾つかを取り上げてみる。

a 愛知県 ― 猿投山、寧比曽岳

宮路山頂上にて、前列左から海老澤さん、清水さん、後列左から私、保住さん、和田さん

県東部の東三河の山々は、大学の同僚と登ったケースが殆どである。明神山（1016m）、岩古谷山（799m）、鳳来寺山（695m）、五井山（454m）、宮路山（361m）、それに石巻山（358m）を前衛とする湖西連峰などである。山ではないが、県民の森、乳岩峡なども歩いた。これらには遠路の山行の常連だった同僚以外に、和田明美さん（国文学）、竹内晴夫さん（経済原論）、清水伸子さん（ロシア語）といったメンバーも加わった。各地の山行の常連だった同僚は、今は山には登っていないという。同僚との山歩きは追憶の中だけになった。また一度だけ、ゼミの学生と一緒に鳳来寺山に登った。今は懐かしい思い出になっている。その内の2人、松原、細川両君と

は、卒業20年後になる２０１４年5月に、雪の残る八ヶ岳の縞枯山を歩いた。ここでは居所に近い県西部の山のうち、複数回登った二つの山について記す。

〔猿投山〕

この山は瀬戸市と豊田市の境に位置する標高６２９ｍの山で、周辺の人々の愛好する山である。幾つもの登山ルートがあるが、豊田の猿投神社からのコースと瀬戸の雲興寺からのコースがメインで、私も複数回歩いた。西にある瀬戸市の海上の森にある物見山からも縦走できる。２０１５年12月にはこの縦走コースを夫婦で歩いた。いわゆる３００名山を完登した旧同僚の今井理之さん（中国貿易論）は、高峰に登る前にはこの山の様々なコースを使い、いつもここで足慣らしをしていたという。退職して居を東京に移される際に、この山域の詳しい地図をもらった。ここでは２０１９年1月6日に行われた「ふわく」マウンテイン部の新年山行を記しておく。

猿投神社の駐車場に集まり、四グループに分かれて登山した。私の属するBグループは東尾根コースというバリエーションルートをとった。このコースもかつて夫婦で歩いたことがある。8時40分スタート。最初は快適な森の中のコースであったが、一寸県道に出てそこから東の宮までが急登で、かなりきつい感じがする。以前の印象と違ったのは、加齢によるものか、スピードの違いによるものか。山頂からは西に展望が開けていて名古屋方面が望めるが、しかし寒風強く、少し下った風のない所で軽いものを食し、下山した。下山後は13時に、新年山行参加者全員110人が「棒の手会館」に集まり、用意された弁当、ビール、日本酒での新年の宴であった。この山行で初めて一緒になった藤塚昇さんは、私より4歳年下で、数年前に福岡から名古屋に住居を移したそうだが、溶接関係の仕事で各地の造船所を回り、私の郷里の佐世保、伊万里の造船所についても詳しい。下山時は専らその話を聞いて郷里の状況の変化を知った。旧海軍工廠の流れをくむ佐世保のメイン企業であったＳＳＫが伊万里に造船所をもつ大阪の名村造船の子会社になっているとは、往時を知る私には驚きであった。

【寧比曽岳】

この山は設楽町に近い豊田市の東部にある標高１２２１ｍの山で、ここも地元の人がよく登る山である。私が最初にここに登ったのは伊勢神峠からで、小学生の子供も一緒の家族登山であった。この時は私の足の筋肉が不調の時期で、足の具合のテストの意味もあったが、下りに足が動かなくなり、這うようにして峠に戻った苦い経験がある。二度目は１９８８年5月で、夫婦で設楽町の段戸裏谷《だんとうらたに》原生林から登った。衰えた足の筋肉の回復を考えて、ハイキングから始めて、少しずつ山歩きを始めた頃である。翌年11月には大学の同僚の保住さん、田中良明さん（社会思想史）、高須さんとともに、やはり段戸裏谷から登った。ここでは久方ぶりに２０１６年1月4日、今は廃業している「いこいの村」駐車場からの冬の寧比曽岳への登高を記しておく。

寧比曽岳にて、左から高須さん、田中さん、私

この日は晴れて気温は16度と春を思わせる陽気であった。伊勢神峠から旧道に入り、駐車場に車を置き、10時に出発。近くの自然歩道を登り下りしながら歩いて大多賀峠に出て、そこから山頂を目指した。階段が多いコースで、冬のこと、階段の下側など日陰のあちこちに霜柱が立っていた。東屋がある山頂には11時半に着く。このあたりの森は人工林が多いが、山頂付近は自然林であった。まだ冬枯れの寂しい森の姿であった。まさしく俳句の季語にいう「山眠る」である。多くの人工林は放置状態であるのに、ここは間伐も枝打ちもきちんとされている。そうした作業は森林組合がやるのであろうが、それを支援する豊田市の財政状態の反映であろうか、と思った。後に聞けば、こうした作業には日本山岳会東海支部の会員などのボランティアも助力しているという。山頂には新年山行の10人程の人の姿があった。ここからは南アルプスの雪を被った聖岳、赤石岳、荒川岳の山々が樹間から見える。かつて登った山々で懐かしい。陽だまりで昼食をとり、12時半下山へ向かう。気持ちのいい新年の山歩きであった。車での帰路、伊勢神峠への道を間違えて、往路とは違う長い迂回路をとるはめになった。

b　三重県　―　大洞山〜尼ケ岳、大杉谷

鈴鹿以外でも三重県の山で歩いた所は多い。南勢の大杉谷の渓谷や中勢の朝熊《あさま》山（５５５ｍ）などもあるが、比較的多いのが奈良県に近い県境付近の山である。倶留尊《くろそ》山（１０３８ｍ）、大洞《おおぼら》山（９８５ｍ）、尼ヶ岳（９５８ｍ）、局《つぼね》ヶ岳（１０２９ｍ）などで、赤目48滝の渓谷歩きもこの中に入れていいかもしれない。この中で、「ふわく」で大洞山〜尼ヶ岳を縦走したケースと、同僚と大杉渓谷を下ったケースを取り上げたい。

【大洞山〜尼ヶ岳】

大洞山だけであれば、２０１４年４月９日に三多気の桜の名所の見物を兼ねて、夫婦で山頂の雌岳、雄岳に登り、倉骨峠に下り自然歩道を歩き、桔梗平を経て出発点の真福院に戻っている。桜は満開で古木が多かった。「ふわく」の山行は、２０１６年４月３日のことであった。参加者は男９人、女14人の計23人。リーダーが横坂栄二・成子夫妻の場合は、いつも参加者が多い。奈良の音羽三山の時は、参加希望者があまりに多く、マイクロバスが二台であった。人柄の故か。私も定員超過で参加できなかったことが数回ある。この時も前回同様、三多気（桜はまだ蕾であった）の駐車場から真福院まで歩き、そこから大洞山の雌岳、雄岳に登った。風もかなりあり、小雨も降った。ここで早めの昼食をとり、一旦

倉骨峠に下りたが、前回と違い今度は縦走である。峠から再び尼ヶ岳の山頂を目指した。この山は伊賀富士の別称をもつ、遠望すれば姿のいい円錐形の山である。登りの最後の急坂が滑りやすく、また疲れからであろう、山の斜面に転げそうになるところを踏ん張って山頂に辿りついた。大洞山も尼ヶ岳も1つ1つ登れば初級者コースであるが、同時に2つ登るとなるとやはりかなりきつい。全体に計画書より早めのペースでもあった。

横坂さん夫妻リーダーの山行にはよく参加するが、関西方面が多い。京都の桟敷ヶ岳、兵庫の大岩山、奈良の音羽三山などもそうであるが、ことに多いのが琵琶湖西側の高島トレイルや比良山系である。一番初めは入会早々の白倉岳であった。その後もこの方面の駒ヶ岳、赤坂山、釈迦ヶ岳などに参加させてもらった。私にはややきつい場合が多いが、これまでは何とかついていけている。

【大杉谷】

1993年5月3～4日、大台ヶ原から幾つもの多様な形状の滝を見ながら大杉谷を下った。同行は、同僚の保住さん、浜本正文さん（フランス語）、高須さんの3人と、卒業生である女性の渥美さんであった。渥美さんは浜本さんのフランス語の元学生である。3日、バスで大台ヶ原に着き、バスに酔った渥美さんの気分の回復を待って、11時10分に歩き始めて、11時50分に日出ヶ岳（1695m）に登り、ここで軽い昼食をとった。この付近はまだ芽吹いていない。風が強くて寒い。12時20分、大杉谷めがけて出発し、急坂のシャクナゲの自生地を下り、13時40分に堂倉小屋に着く。一休みして、さらに急坂を堂倉滝まで下る。ここは豪快な落瀑で滝壺がこの谷で最も大きい。次の与八郎の滝は女性的で岩肌をなめらかに流れる。隠れ滝、光滝を経て、七つ釜滝へ出る。このコースで圧巻の名瀑といわれるこの滝の景観を楽しんで、下肢が痛んで足どりも重くなりながら、18時に桃の木小屋に着いた。小屋は３５０人収容というが、超満員であった。

翌日は5時過ぎに起床したが、渥美さんが夜半寒けがして、浜本さんが衣類を貸して温かくしてやっていたという。多分前日の寒さで風邪気味になったのではなかろうか。高須さんが彼女のために蜂蜜レモンを作ってくれた。朝食をとり、7時に小屋を出る。好天であった。平等嵓吊り橋を渡り、ニコニコ滝を経てエメラルドグリーンの獅子ヶ淵に出る。高い岩壁に囲まれ、深い淵の手前は巨岩が横たわる河原であった。木の間隠れに上方に落瀑するニコニコ滝が見える。絵にしたいような優れた景観である。この景観をしばらく楽しんで、千尋滝に行った。これは高度差１３５ｍで天空から落瀑するかと思われる華麗な滝であった。登山者の１人に双眼鏡を借りて美しい飛沫を眺めた。10時半、京良谷出合の広い河原に出る。ゆっくり休んで昼食をとった。この時より30年程前、結婚当初に夫婦でこの大杉谷を下り、ここで大休止し水切りをして遊んだことを思い出した。登山口には12時半に着いた。宮川ダムの水量が少なく船が来ず、さらに4キロ近くを歩いて、第四渡船場から最終14時の船に乗ることができた。久方ぶりの大杉谷であったが、コースも整備され、小屋も規模を大きくしていた。浜本さんは「秘境」というには、人が多すぎるという。我々もその内に入ることを考えると、あまり大きなことはいえない。日記にはその浜本さんを含め、「全員、この渓谷の美しさを楽しめたことに大満足であった。大岩壁、新緑、山桜、コブシ、ツツジの花々、清澄な流れ、それぞれに個性的ないくつもの滝……」と感想を記している。

大杉谷にて、左から私、高須さん，浜本さん、渥美さん、保住さん

大杉谷にて、左から高須さん、私、渥美さん、保住さん

c　岐阜県 ― 瓢ヶ岳、能郷白山

岐阜県で日帰り可能な近隣の山々といえば、美濃、南飛騨の山々である。ここでは瓢《ふくべ》ヶ岳（1163m）、能郷白山《のうごう》（1617m）を取り上げるが、登った山はその他に納古山《のうこ》（633m）、蕪山（1069m）、船伏山（1040m）、川上岳《かおれ》（1625m）、下呂御前山（1412m）、白草山（1641m）、位山（1529m）、高賀山（1224m）、誕生山（502m）、それに先記の簗谷山等々と数多い。

【瓢ヶ岳】

最初に登ったのは1996年4月27日で、この時は妻君が属する女性だけの山の会の有志（妻君を含め6人）の山行に加えてもらった。美濃市役所で名古屋からの4人と尾張旭、春日井の3人とが合流し、二台の車で片知渓谷に入り、渓谷沿いに歩いて展望台まで登った。そこから道迷いになった。杣人道《そまびと》と思われる踏み跡を辿って谷沿いに尾根に出るが、後のルートが見つからず、展望台まで引き返して、昼食をとって本来のコースを見つけて登り直した。骨ヶ平を経て山頂に15時前にやっと辿り着いた。新緑瑞々しく、山頂からは春霞でくっきりしないが、白山、御嶽山、能郷白山が雪を残して白く見えた。下山は骨ヶ平から見晴台―抜戸岩のコースをとった。かなり荒れた急坂であった。

二度目は2018年11月25日で、「ふわく」の山行であった。車で登山口に向かう途中の美濃市の道の駅「にわか茶屋」で、犬山から3台の車に分乗してきた11人と偶然出会った。ここで私もそちらに分乗させてもらい、「ふくべの森」駐車場へ行く。この山行のリーダーは、「ふわく」に同期に入会した早川健さんであった。早川さんリーダーの山行には百々《どど》ヶ峰外周コースなど他にも数回参加している。

9時半、駐車場から右の登山道を骨ヶ平まで登る。以前とは別のルートである。ここからは以前と同じく尾根道を一旦下って登り返し、11時半に山頂に着いた。展望は西に開け、近くに大きく高賀山、遠くに少し雪を被った能郷白山が見えたが、樹木が繁ったためか、見過ごしたのか、以前見た白山、御嶽山の姿は視界に入らなかった。昼食をとり、奥瓢ヶ岳に向かった。一度アップダウンして奥瓢といわれる個所に着くが、山頂らしき所ではなく、尾根上の一角といった感じであった。ここから瓢ヶ岳の分岐に戻り、骨ヶ平から下山する。ただ途中から往路とは違う「四阿ルート」をとる。山腹を横に長く延びたルートである。ここは笹が生い茂っていて道がよく分からない程であった。14時半、駐車場に着いた。登下山とも、予定より20～30分あまり早かったが、足の負担はあまり感じなかった。

【能郷白山】

梅雨の中休みの晴れ間をぬって能郷白山に夫婦で登ったのは、1996年6月23日で、2人ともここは初めての山であった。車で家を出て、関、美山、根尾を通って温見峠《ぬくみ》（標高1000m）に9時半に着く。峠には登山者のものと思われる車が10台程並んでいた。ブナ林をしばらく登ると、ロープ付きの急坂が続く。喘ぎつつ尾根に辿り着くと、後は繰り返す小さな起伏を辿っての比較的楽な登りである。この尾根筋には、風雪の力を物語るように、ダケカンバの大木の幹が上に伸びず、地面をのたうつように成長している個所があった。各所に残雪が見られた。11時半、山頂に着く。奥宮に向かう斜面にカタクリの花が大群落をなして満開で、予期せぬ喜びであった。日記には「思わぬひろいもの」と書いている。展望は360度だが、遠くは霞んで遠望はきかない。奥宮の横で昼食をとり、斜面に腰を下ろしてのんびりとした時間を過ごす。登高の後山頂で憩う時間は至福の時である。12時40分、下山へ。心地よい尾根歩きの後、急下降が続く。峠に近づくにつれ、登りには気が回らなかったブナの新緑の美しさが目を奪った。14時20分峠に着いた。帰途、薄墨桜で有名な根尾の「薄墨温泉」に入浴して汗を流し、ビールを飲む。湿気の多い中での登山で、大量の汗をかいたためか、ビールがことのほかうまい。生ビールを二杯飲み、妻君の運転で帰宅した。

d　静岡県 ― 浜石岳、尉ヶ峰

静岡県で日帰り登山をしたのは、由比の北にある浜石岳（707m）と、浜名湖の北にある尉《じょう》ヶ峰（433m）である。静岡県は東西に長く、東の方はどうしても宿泊を伴う登山になる。そうした山に、天城山（最高峰・万三郎岳　1406m）、越前岳（1504m）、沼津アルプス（最高峰・鷲頭山　39

2m)、真富士山(1343m)、長者ヶ岳(1336m)等がある。天城山は最初は同僚の海老澤さん、高須さんと天城トンネルの方から、次は「ふわく」で天城高原ゴルフコースの方から登った。同僚との場合は、所要時間を読み違えて万三郎岳からの下りで陽が落ち、懐中電灯頼りで下りた。「ふわく」の時のリーダーは女性の東条さんで、つけ加えれば、会の中で「古代史ロマンクラブ」を主宰されていて、私も奈良方面が多いそのハイキングにはよく参加させてもらっている。天城山と浜石岳以外は一回だけの登山であるが、越前岳、沼津アルプス、長者ヶ岳は単独で、真富士山は夫婦で歩いている。上記の日帰り登山以外の中から、沼津アルプスの山歩きを概括した部分を日記から写しておく。2009年4月であった。

「低山ながら6山7峠を越えるコース。ロープ場、鎖場も多い(直登に近い急坂)。累積標高差1000mという。かなり体力を要するので、志下坂峠を中間に2日に分ける。なだらかな樹間の尾根道もあれば、岩ゴツゴツのヤセ尾根もある変化にとむコース。桜も多く、巨木もある。ウバメガシの純林もある。桜は八重を除いて落花盛ん。連山殆どが自然林なので、今芽ぶく新緑がまばゆいほど美しい。コース周辺には多種の花々。シャガの群落が目立った。日本の春は素晴らしい。」

[浜石岳]

最初に登ったのは1994年3月20日で、東海道線で由比に行く。途中、豊橋で浜本さん、高須さんが乗り込み、浜松で渥美さんが乗り込む。由比には10時に着き、浜石岳に向かって、夏みかん畑をのんびりと登る。浜本さんは海と山とみかん畑の風景が郷里の、瀬戸内海に浮かぶ山口県・大島のそれとよく似ているといって嬉しそうであった。三本松を経て頂上へ出る。残念ながら富士山の姿は見えず、駿河湾もぼんやりと霞んでいた。しかし風もなく暖かで、芝生でゆっくり昼食をとり雑談に過ごした。13時下山へ。登りとは別のコースをとり、西山の最明寺（中国元朝のスパイが捕まり、後に許されて僧となって開いた寺という）を経て、16時、由比駅に着く。西山の集落は、年経た立派な構えの家と手入れの行き届いた庭木の家並みが続いていた。登下山とも快適なハイキングであった。

次に登ったのは２０１７年12月10日で、「ふわく」の山行であった。名古屋駅に集まり、東海道線を蒲郡、浜松、静岡と３度乗り換えて10時半、由比に着く。参加者は男４人、女４人の計８人。私が最高齢で、こんなことが多くなった。リーダーは山城立夫さん、サブが大宮嘉津子さんで、このコンビの山行に何度か参加したことがある。その中で印象に強いのは、琵琶湖北方の己高山《こだかみ》（９２３ｍ）への山行である。廃寺跡を辿って登る山も下山後の鶏足寺の紅葉も良かったが、その印象は皆とは別行動で石道寺に立ち寄ったことで一層強められた。印刷業を営んでいたいまは亡き友人谷村修君が、『石道寺譚絵』という立派な画集の印刷を担い、その出来ばえに自信と誇りを抱いていたことが背景にある。浜石岳には由比駅から今度はタクシーに分乗して山頂近くの野外センターへ行く。ここから11時に歩き始めて12時に山頂に着いた。好天とあって20人程の登山者の姿があった。以前とは違い、大展望が広がる。今度は富士山が大きく、くっきりと美しく東に浮かんでいた。松竹映画のタイトル画面の富士が、ふと心に浮かんだ。西には南アルプスの甲斐駒ヶ岳、北岳、間ノ岳の山々が連なり、その南には赤石岳が垣間見

薩摩峠からの富士山遠望

浜石岳頂上の私と富士山遠望

えた。眼下には波静かな駿河湾が見下ろせる。皆この展望に満足げであった。12時半、下山へ。下りは薩埵《さった》峠の方に向かう。下山路の両側は主としてヒノキの植林地であったが、アップダウンも結構ある。15時半に峠の手前の展望台に着いた。10キロ3時間の長い帰路であった。前年やはり「ふわく」で、興津

からこの峠を越えて由比まで歩いたことがあるが、この時は広重の浮世絵の構図そのままに、駿河湾越しに雪をいただいた富士が端正な姿をくっきりと見せていた。この展望台からは前年よりも少々雪が少なめに感じられた。富士はやはりたっぷりと雪をのせていた方が見応えがある。電車の時間の関係で興津駅へはタクシーを使った。

［尉ヶ峰］

この山は久しく気になっていた山であった。豊橋からも近く低山でもあり、いつか同僚とこの山にと考えていたこともあったが、果たせないままであった。２０１６年10月31日、三ヶ日インターを降りて引佐湖北の西気賀に行き、駅近くの空き地に駐車して、８時50分から尉ヶ峰ハイキングコースを辿る。みかん畑を過ぎると森の中に入るが、常緑樹が多く紅葉はない。頂上近くに獅子落としの岩場（ロープ場）があり、少しばかりスリルがあり緊張する。山頂には10時25分に着いた。東屋と猪の像があった。岩場の獅子とは猪のことかと納得した。かつては浜名湖を展望できたようだが、今は木々が繁っていて見えない。男性１人、夫婦１組、女性の４人組が次々に姿を現す。私とコースは違うようだったが、地元の人たちが気軽に山歩きを楽しむ山のように感じられた。10時50分、下山へ。帰りは獅子落としを避けてつくられた迂回路を通り、尾根道に出て、そこから往路とは違う、一部に石畳が残る姫街道を通って、12時半に西気賀に戻った。姫街道は東海道の脇街道で、浜名湖口の新居と舞阪間を船で渡る本街道を避ける場合に使った陸路の街道である。女性が主に使ったので姫街道の名がついたらしい。登下山のコースは１人だけで、ゆったりとした気分で歩いたが、それでもほぼコースタイム通りであった。低山ではあるが、スタートは海抜０ｍ。標高通りの高さを歩いたことになる。秋の山は静かで、聞こえるのは自分の足音と鳥のさえずりのみであった。

第2章　高峰を歩く（i）

深田久弥は山頂に立つ喜びを語って、「百の頂に百の喜びがある」という。その喜びは程度の差はあれすべての頂きに共通するが、高峰に立つ場合には一層強まる。この喜びの感情はどこから来るのであろうか。何よりも先ず目的であった頂きに登頂したという達成感に由来するであろう。どんな山でも、登頂には肉体的労苦を避けることはできない。危険な個所では精神的緊張を強いられる。高峰であれば尚更である。その上での登頂であってみれば、目的達成の喜びが何より先ず生じてくるのはごく自然である。また山頂は多かれ少なかれ高みにあるから、多くの場合は平地や山麓では得られない広い展望を視界に入れることができる。高峰では３６０度の大展望を得られることも多い。日常では得られないこの展望を心ゆくまで味わうことができるのも、山頂に立つ喜び、いやその最も大きな喜びといってよい。高峰への長い登高の過程で、樹林や渓流や花々の美観、高度を増すにつれ変化する景観等々を楽しむこともできる。これもまた登頂に伴う喜びといってよい。

わが国で高峰といえば、富士山を除けば、何よりも先ず中部山岳地帯に盤踞するいわゆる日本アルプスの山々であろう。北アルプスであり、南アルプスであり、中央アルプスの山々である。これらの日本アルプスの主要峰に、幾つかを残してほぼ足跡を印している妻君に比べると、私の場合はかなり見劣りする。それでも数え上げるとかなりの数になる。登高した山々はそれぞれに印象深いが、あえてその中の幾つかを選んでその登高の様子を記しておきたい。

（1）北アルプス　―　白馬岳、雲ノ平、立山・大日岳

私の場合、北アルプスの山行では、山頂の天候に恵まれないケースが多い。1995年に夫婦でいわゆる表銀座を歩いた時の槍ヶ岳は、小屋が近くなるにつれ風雨激しくなり、翌日山頂に立った時も小雨の中であった。また1999年、夫婦で岳沢から奥穂高岳へ登った時は、前穂高岳から吊り尾根にかかるころまでは好天であったが、山頂は強風とガスの中であった。北アルプスを代表する高峰、槍・穂高の山頂に立ちながら、雄大な四周の展望を垣間見ることさえできなかった。それ以前の1992年に同僚と行をともにした白馬岳の山頂でも同様であったし、それ以後の2003年、夫婦で鹿島槍に向かった際も途中で雨が激しくなり、山頂を間近に望みながら冷池山荘から引き返した。山は確かに好天が何よりりで、雨やガスもまた一興というのは強がりにすぎないが、とはいえ山には山頂の展望以外の別の楽しさもいろいろある。

[白馬岳]

白馬岳には1992年7月末から8月初めにかけて登った。一緒だったのは先述の同僚の保住さん、

海老澤さん、高須さんの3人で、これ以前の山行では大体この3人と同行する場合が多い。1993年から浜本さんが常連としてこれに加わる。7月30日に猿倉からゆっくり歩いて白馬尻小屋に着き、一泊した。雪の残る沢に出て白馬三山の山容を眺める。杓子岳、鑓ヶ岳の鋭い山頂がよく見えた。夕食後飲酒しながら雑談をし、8時消灯とともに床を敷こうとした途端に、向かい側から「先生方、教養がおありでしょうから、よろしく」と声がかかる。うるさかったのであろう。参った。外に出ると満天の星。北斗七星もくっきりと輝いていた。

翌日、朝食をとって6時半に出発。アイゼンを付けて大雪渓をひたすら登る。前後は行列をなして延々と続く登山者の列である。中年、ことに女性の姿が目立つ。途中、岩場で何回か休み、葱平《ねぶかっぴら》で大休止の後、高山植物の咲き競うお花畑をぬって、13時に村営の白馬岳頂上宿舎に辿り着く。保住さんがへばり気味であった。天候は快晴から次第にガスが多くなり、山も頂上宿舎に着くころはガスに包まれてしまった。この宿舎の食堂でラーメンの昼食をとり、白馬山荘に向かうが、途中ガスが雨になった。山荘は大混雑で8畳に16人。16時半の早い夕食の後、部屋でウイスキーの小瓶を4人で飲み、早めに就寝した。

翌日は朝から土砂降りの雨であった。寒冷前線が停滞中とか。部屋の他のグループも予定のコースを歩くか、一番短時間ですむ大雪渓の下りにするか迷っている。我々も迷った末に予定のコースを辿ることにする。7時半に雨具をつけて出発。かなり激しい風雨で、ジャンパーを着込んだが寒い位であった。

頂上に立つが何も見えない。直ぐに三国境から小蓮華山へ向かう。小さなピークを登降しながら歩くと、時折ガスが上がり、緑の絨毯をしきつめたような斜面が姿を現す。雷鳥坂を下り、白馬大池を見下ろす頃には視界もかなりよくなり、雨も上がった。11時半、大池山荘に着く。食堂は超満員で、牛乳と食パンの昼食を屋外で立ったままとる。時間の関係で、予定の蓮華温泉へのコースを断念し、食後、乗鞍岳へと向かった。岩だらけのコースであった。遠望はきかないが時折青空ものぞき、「山の緑と残雪と大池の眺めはなかなかのもの。来た甲斐があった。」と日記に記している。小雪渓を横切り、天狗原に下りる。岩を飛び歩いて、足の爪先が痛む。保住さんが遅れがちになる。天狗原の湿原はワタスゲが満開であった。樹間を延々と歩いて、15時過ぎに栂池に着いた。コースタイムの二倍ほどの所要時間であった。

この山行は2日間天候悪く、雄大な立山や後立山の連峰は望めなかったが、大雪渓のお花畑は最盛期で、クルマユリ、シナノキンバイ、ミヤマオダマキ、ハクサンイチゲなどが咲き乱れ、目を楽しませてくれた。また小蓮華山から白馬大池の間はコマクサ、乗鞍岳ではシャクナゲが咲いていた。「花の山旅の感」であった。

［雲の平］

２０００年８月15～19日、夫婦で雲の平まで登った。雲の平は同僚の高須さんから東京大学時代、ワンゲル部に属する友人と一緒にここに登って、大変素晴らしい雲上の楽園だったと聞いていた。この山行は、全行程好天に恵まれた。15日は新穂高からワサビ平の小屋まで林道を歩き、翌早朝5時40分に出発し、秩父沢を経て鏡平小屋に着いて、名物の氷水で喉を潤し、ラーメンの昼食をとった。道中は右に穂高連峰が雄大である。鏡平の池には、このがっちりした岩峰が水面に姿を映していた。ここから更に弓折岳の稜線に出て、双六小屋に13時10分に着く。正面に鷲羽岳が大きい。高校総体の登山の下見で、各県代表の高校生の姿が多い。小屋までの登りでも、熊本の高校生男女13人と一緒であった。小屋は超満員で、10枚の布団に12人という状況であったが、それでもハイシーズンの割にはいい方だったかもしれない。

17日も早朝5時40分に出発。素晴らしい好天であった。双六岳へ急登すると、頂上は北アルプスの全体を、さらにその彼方までを眼に納めうる大展望であった。北に遠く立山、剱岳、その手前に薬師岳の巨大な山塊、西に遠く白山、その手前に黒部五郎岳、南にはるかに御嶽山、乗鞍岳、その手前に笠ヶ岳、焼岳、南東に槍ヶ岳、穂高岳、東に水晶岳、鷲羽岳。日記にこれらの山々の名前を列記しているのは、よほどこの眺めに感動したからであろう。槍がここからは左右対称の綺麗な姿で見えた。三俣蓮華岳までの稜線歩きは、四周の高峰を眺めながらの心地よい楽園の散歩の感である。三俣蓮華を下って、槍の見える三俣小屋の展望喫茶で妻君はケーキセットを注文する。ここは私にとっては初めてだが、妻君は再訪を楽しみにしていたところである。

小屋から黒部源流部まで下り、そこから祖父岳東側への直登がきつい。喘ぎ、喘ぎしながら何とか登り切る。そこからは気持ちにゆとりも出て、眼下に雲の平を眺めながらのんびりと歩き、13時10分に雲の平山荘に着く。山荘でしばらく休んで、アルプス庭園と奥日本庭園への散歩に出かけたが、ここ雲の平では、ぐるりと高峰に取り囲まれた巨大な岩棚の上に、岩石とハイマツとお花畑と池塘の織りなす光景が広がっていた。雲上の楽園といわれるだけのことはある。お花畑ではチングルマが目立った。この山荘でも宿泊者が多く、通路にも布団が敷かれた。

翌18日も5時40分に出発。祖父岳頂上までは急登であった。稜線を下って、岩苔乗越へ向かう途中のお花畑も美しい。乗越より黒部川の源流にあたる沢を下る。沢の下部から三俣蓮華の小屋までがまた急登であった。再び展望喫茶に行き、食事をとった後、今度は山頂ではなく、三俣、双六の山腹を巻いて双六小屋に行き、生ビールで喉の渇きを癒して往路を下山した。15時半、鏡平小屋に着く。小屋は毎日旅行の登山者でにぎやかであった。翌日は新穂高に下りるだけ。「今日で山旅の眼目部分は終わる。楽しみはあっという間」(日記)であった。北アルプス核心部の雄大でどっしりした山容をたっぷりと味わい、雪が多くて例年より10日以上開花が遅れたという、丁度満開のお花畑を満喫した山歩きであった。

【立山・大日岳】

２００２年8月29日、大町から黒部アルペンルートを辿ってバスで13時10分に室堂に着き、一ノ越に向かう。台形状の立山連山右端の雄山が切れ落ちた所に一ノ越山荘がある。そこまで遊歩道が続いているが、途中から点々と道に血がついている。一ノ越山荘に14時半に着いて、遊歩道に落ちていた血のことを訊ねると、雄山から下山中の登山者が転倒して斜面を転げ落ち岩で頭を打って負傷し、ヘリポートまで運んで輸送してもらったのだという。ここは登りより下りが危ないと聞いていたが、実際その通りだったわけだ。夕刻より小雨になる。宿泊者は30～40人か。例年より少ないようだ。

翌日は快晴になる。6時20分に山荘を出て、岩だらけの雄山への急斜面を登る。少し緩やかになって、稜線に辿り着くと雄山神社の社務所に出た。社務所に向かい合う岩峰の上に社殿が建っている。ここが雄山の山頂でもあり、登って足跡を印す。３６０度の大展望で、北アルプスの山々が取り囲むように広がる。雄山を下りて、ここから尾根道を、四周の大山塊と眼下の室堂平を眺めながら、大汝山、富士ノ折立、真砂岳と辿る。雄山とは違って人影の少ないそれぞれのピークに登り、ゆっくり時間をとって眺望を楽しんだ。日記には「南に薬師、野口五郎、その奥に槍、穂高……北東に鹿島槍、五竜、白馬……西は大日岳」等々と視界に入る山々の名を記している。大展望の得られたことが嬉しかった故か。大汝山が立山の最高峰（３０１５ｍ）で、東の眼下には黒部湖も見える。尾根道から右に砂礫地を歩いて別山に達するが、このあたり剣沢越しに見える眼前の劔岳がことのほか大きい。人を寄せつけないような峻厳で巨大な岩峰で、その迫力に圧倒される。尾根道に戻って劔御前小舎で昼食をとって雷鳥坂を下山し、13時みくりが池温泉に着いた。入浴して汗を流した。

２０１１年９月14日に、弥陀ヶ原から室堂間を歩き、翌日大日連山に登った。美女平からのバスを弥陀ヶ原で降り、ホテル脇を通って散策路を歩く。谷からガスが上がっていた。ナナカマドが赤い実をつけ、草紅葉の始まりを感じさせる湿原を横切り、一旦一ノ谷に下りる。小さな沢を渡ってからの200mほどあるという鎖場の連続する崖の登りがけっこうきつい。獅子ヶ鼻といわれる岩の脇を通る。この洞窟はかつての修験の場だったという。「鎖禅道路」とも呼ばれるこのコース一番の難所の崖を登り切ると、木道が続く天狗平である。バスの道に近づいては離れ、またその道を天狗平山荘近くで横断して、やや平坦な土の道に入り室堂まで歩く。最後は急登であった。この日は雷鳥荘に宿をとった。夏のシーズンは終わりに近いが、宿泊者は多い。夕食時に雑談した1人はこの日に剱岳から下りてきたというが、頂上は200人ほどの登山者で岩場の下りが大渋滞だったという。

翌日は7時20分に歩き始める。一旦雷鳥平に下りて、そこから新室堂乗越まで上がり、ここから尾根歩きになる。好天で視界は広い。この尾根道は、奥大日岳、中大日岳と続き、終わりが大日岳であり、大小のアップダウンがある。また奥大日岳と大日小屋の間は、岩場、鎖場、ハシゴ場とかなり危険な個所が多かった。しかし展望は終始素晴らしかった。特にこの連山で一番高い奥大日岳の山頂（2611m）からの眺めがいい。間近の剱岳の鋭い岩塊が人を圧倒するように巨大である。かつての別山からの眺めと角度は異にするが、圧倒的な存在感は同じである。その右に立山の連山、南に谷を隔ててどっしりした山容の薬師岳。その奥に笠ヶ岳、槍ヶ岳も見える。雲を浮かべた富山湾も眼下に遠望した。日本庭園風の七福園を経て11時40分、大日小屋に着いた。リュックを置いて、大日岳に登る。そこで南砺市

奥大日岳より剱岳を望む

大日連山の尾根道より草紅葉の立山遠望

からきたという60歳の男性と雑談を交わす。称名の滝から上がり、今からそこに下るという。標高差1500mの急坂の一日での登下山である。利尻での経験はあるが、あまり真似はしたくないと思った。しばらくのんびりして小屋に戻り、カレーの昼食にビールを添える。午後、次第に小屋の外はガスに包まれて視界ゼロとなる。宿泊者は12人であったが、前日は4人という。北アルプスとしては静かな山歩きを楽しめる山域というべきであろう。夕食後は薄暗いランプの下で宿泊者同士で雑談を交わし、山行の自慢話を聞いた。

翌朝起きると快晴。朝日に赤く輝く空を背景に、剱が黒く聳えている。6時20分、室堂に向けてスタートする。大方の人は称名の滝へ下りるコースである。早朝ということもあろうか、昨日よりも一層くっきりした四周の山々を見渡しながら歩き、奥大日の山頂では大休止して、その展望を楽しんだ。週末にかかるせいか、前日よりもやや登高者が多い印象である。雷鳥平に下り、硫黄を含む水蒸気の吹き出す荒涼とした地獄谷に足を延ばして、みくりが池温泉に出た。遠望する立山はもう草紅葉が進んで、山の斜面を赤や黄に染めていた。

（2）南アルプス　―　北岳、荒川岳・赤石岳、塩見岳

南アルプスの山で最初に登ったのは、仙丈ヶ岳（3033m）である。1993年8月のことで、夫

婦同道であった。翌年8月は甲斐駒ヶ岳（2967m）に登ったが、この時は我が夫婦と妻君の山仲間の駒田さんとの3人であった。仙丈ヶ岳の山頂だけはガスに包まれていたが、その登下山の道中は青空ものぞき、甲斐駒登山の日は快晴で、次々に姿を現す南アルプス北部の山々の展望を楽しんだ。以下では、別記した聖《ひじり》岳の場合を除いて、この二つの山行以外のものを記しておく。

［北岳］

1996年7月16日に広河原の国民宿舎に泊まり、翌日北岳に向かう。妻君は北海道のトムラウシ登山に出かけていて、今回は単独行である。5時半に出発し、大樺沢コースを辿り、6時に沢の側で朝食をとる。最初は雪渓の上を歩いていたが、滑りやすいので左岸の草付きの部分を歩いた。途中から鳳凰三山がせり上がってくる。大樺沢二俣に8時に着いて20分休む。このあたりからは北岳バットレスが目の前に大きく迫ってきた。雪渓を渡って八本歯のコルに10時に着く。ここからの登りが一番こたえた。10歩進んで一休み、といった状態で、やっとの思いで小尾根に辿り着いて20分休んだ。ここからは一挙に展望が開け、間ノ岳、農鳥岳、さらには南アルプス南部の山々が見えた。下山中の写真のセミプロを自称する登山者と雑談を交わした後、かなりきつい岩稜を伝い登って、北岳小屋との分岐で昼食をとる。吊り尾根分岐を経て、喘ぎながら11時半、北岳山頂に立った。コルから見た展望に加え、ここからは中央アルプス、北アルプス、八ヶ岳の峰々が遠くに列なって見え、富士山の秀麗な山容も大きく見える。

遠くの峰々には雲が浮かぶが、近くの山（仙丈ヶ岳、甲斐駒ヶ岳、間ノ岳など）や頭上の空には雲一つない。３６０度の大展望を無心に、飽かず眺めて1時間半を過ごした。

13時頂上を北へ下り、肩の小屋に着く。発汗が著しかったのであろう、しきりに喉が乾く。缶ビールがうまい。広河原のロッジで食事が隣席だった人とここでも一緒になる。白根御池小屋のコースをとったという。夕食後一階に宿泊する３人と雑談するが、皆さん山の経験が豊富で、70歳に近い年齢ながら重い荷を担ぐその体力に圧倒される思いであった。その中の1人が毎年ヒマラヤに出かけていて、高山病の人を助けて下山したことを含め、世界の屋根ともいうべき山々の魅力を語る話を聞いて、ネパールに出かける気持ちを大いに刺激された。退職後直ぐにエヴェレスト街道に出かけたその発端である。外に出ると夕陽の茜色が鮮やかであった。

翌朝朝焼けを眺め、朝食をとり、6時15分に下山へ。白根御池小屋までは急坂を下って8時に着く。このコースを下ると下山時間に余裕があり過ぎそうで、ここから大樺沢二俣経由のコースに変えた。そこから往路と同じコースを逆に辿り、10時40分、広河原に着いた。途中、沢の冷たい水で、陽焼けして痛い額や腕を冷やした。

［荒川岳・赤石岳］

１９９８年８月４日、静岡県の畑薙ダムからバスで椹島ロッジに入り、翌朝6時に出発して千枚小屋に向かう。駒鳥池で昼食中、晴れていた空から雨が落ちる。妻君は腹具合が悪く、歩くスピードも遅い。午後は断続的に雨になる。13時、小屋に着く。宿泊者は60人弱であった。翌日は、有り難いことに予報に反して快晴。千枚岳までは、妻君の調子に合わせてゆっくり登る。体調は次第に回復傾向に見えた。荒川三山の主峰悪沢岳（３１４１ｍ）からは、遠く北アルプスと中央アルプスに八ヶ岳、近くに南アルプスの北部の山々や間近な塩見岳、聖岳、赤石岳の巨大な山塊を望む３６０度の大展望。この山頂で偶然に愛知大学名古屋校舎のワンダー・フォーゲル部の一団と会う。二班に分かれて歩いていて、塩見岳で合流の予定という。一緒に写真を撮る。ここでもゆっくり展望を楽しんで、中岳への砂礫の急坂を下降中に、妻君が滑って転び、左足首を捻る。捻挫である。痛い足を引きずって12時、荒川小屋に着いた。シップをするが、少し腫れてくる。内出血もある。ただ足首を曲げなければ、何とか歩けるという。それが救いであった。午後から天候は下り坂になり、ガスに包まれた。

夜半から雨と風。朝になっても好転しない。様子を見ていた登山者も、雨が小やみになった9時前後、相次いで出発した。最後に残った我々も9時半に小屋を出る。しかし再び次第に雨が強くなり、稜線に向けて登り始めると風も強くなる。その上雷鳴が轟く。稲妻と雷鳴の間隔が近くなったので、斜面のハイマツにしばし隠れる。やり過ごして稜線に出ると風がものすごい。その中を小赤石を経て赤石岳山頂（３１２０ｍ）に着くが、ガスで何も見えない。強い風雨で体は凍えそうになる。山頂と赤石小屋への分岐に戻って、小屋に向けて下りた。途中で天候が急変して風雨が止み、ガスが見る間に引き、四周の山々がくっきりと浮かびあがる。展望台の富士見平から、赤石岳、荒川三山、聖岳の山々を眺め、遠く富士の端麗な姿を見る。妻君の足の具合から、思い切りゆっくり歩いて、小屋には15時半に着いた。夕刻まで、暮れゆく南アルプスの山々の雄大な景観を楽しんだ。翌日は好天の中を5時45分に小屋を出て、大倉尾根をひたすら下りる。ただし妻君は足首を曲げないように用心して歩いた。9時半、椹島ロッジに戻った。

日記には妻君の捻挫が残念だったということの他に、印象的だったことを次のように列挙している。

・個々の山が巨大で、山脈をなしながら独立峰的趣きをもっている。

・お花畑が多彩で、目を惹きつける。今回はやや淡い紫のマツムシソウと濃い紫のトリカブトの花が印象的であった。

・近年増えたというが、登山者が相対的に少ない。妻君の話では、他の山に比し男性が多いという。今回も女性は我々のような夫婦のペアに限られていた。

・山小屋は三ヵ所とも近年の建設で過ごし易かった。県営小屋で、運営が「東海フォレスト」のようだ。静岡県域が、北に長野・山梨県の間に食い込んだ部分の全山が、「東海パルプ」の所有地とは驚いた。

この山域の登山者の数やその男女比等は、今は様変わりしているかもしれない。

［塩見岳］

２００８年８月８日から塩見岳（３０４７ｍ）に出かけた。３０００ｍを超える山に登ったのは、２００２年夏の立山以来で、久方ぶりであった。１９９９年11月の学長就任以来、高峰を歩く機会はごくわずかになった。やはり時間的にも心理的にも、余裕が乏しかったのであろう。塩見岳は前年11月の学長退任以後、初めて登った高峰で、単独行であった。

８月８日は車で長野県大鹿村の鳥倉林道を駐車場まで入り、そこから超満員の小型バスに乗って豊口山コースの登山口に行った。８時40分、登り始める。カラマツの植林帯を過ぎた後、森は登るに従い次第にシラビソの薄暗い樹林帯に変わる。高度をかせぎながら塩川のコースとの分岐に出ると、三伏峠小屋はすぐであった。11時20分に小屋に着く。昼食をとり、時間に余裕があるので小屋主の勧めで、12時にお花畑と烏帽子岳に向かう。咲き乱れる広いお花畑を眺めて散策し、山頂に行こうとするとポツリと雨が落ちる。急遽小屋に引き返した。小屋では備え付けの本や雑誌を読んで過ごしたが、その中に、多分登山家岩崎元郎さんの文章ではなかったかと思うが、山歩きの基本は「小幅でゆっくり」と書かれているのを眼にした。宿泊者と雑談を交わしていると、九州から来たという人が、今回は出張を利用しての登山で、塩見岳から北岳に縦走するという。かつて年上の同僚村長さんから、旧制高校時代にこのコースを歩いて、うんざりするほど長かったという話を聞いたことを思い出した。夜半に雨の音がする。

塩見岳と朝焼け雲

翌朝4時半朝食。食後すぐ出発した。快晴であった。塩見岳の上のご来光を見ながら、また右にマルバダケブキの見事なお花畑を見ながら本谷山に登る。そこから登下降を繰り返しながら塩見小屋に7時45分に着いた。途中、前日読んだ山歩きの基本を頭に入れて歩いていると、前後して登っていた3人組の女性に、模範的な歩き方ですね、とお褒めにあずかった。宿泊の手続きをして、8時に空身で塩見岳の山頂に向かって岩山を登る。天狗岩を経て、双耳峰の一方の西峰に登り、次いで最高峰の東峰へ行く。大展望である。北に仙丈ヶ岳、甲斐駒ヶ岳、北岳、間ノ岳、南に荒川岳、赤石岳が大きく見える。東には雲上に富士山の姿が浮かぶ。西には中央アルプスが屏風のように立ちふさがっている。その上に浮かぶ刻々と変わりゆく雲の造形が面白い。雲は天才であるという石川啄木の言葉を思い出した。

塩見岳東峰と南アルプスの山並み

小1時間、ゆったりと四周の展望を満喫した。上空に薄い黒雲が広がってきたので、10時50分に小屋に戻った。途端に雨が落ち始め、次第に強くなる。13時から14時にかけ、雹混じりの豪雨が降り続き、雷鳴も激しい。次第に弱くなるが、夕刻まで止まない。登山者が次々に到着するが、ずぶ濡れの着衣の後始末が大変で、しかもこの悪天候のため小屋泊まりを希望する人も多く、その人達は予備の施設へ押し込まれた。我々も一畳に2人のスペースである。夕食後は、両隣の人ともっぱら雑談に過ごした。そのうちの1人は百名山ならぬ百高山に挑戦中で、この日も塩見岳から蝙蝠《こうもり》岳に向かったが、雹が降り始めたので急遽引き返したのだという。三伏小屋から塩見岳へ私と前後しながら歩いていた女性3人組は、三伏小屋に戻る途中で1人が滑って転倒し怪我をしたので、これもまた急遽塩見小屋に戻って来たという。午後の悪天候で、小屋は大忙しであった。翌日5時半に小屋を出て、展望のあるところでは山々の景観を、名残を惜しんで少々時間をとって眺めながら、三伏小屋を経由して下山した。

（3）中央アルプス　―　恵那山、木曽駒ヶ岳・宝剣岳・三ノ沢岳

伊那谷と木曽谷に挟まれた山脈である中央アルプスの山々には、支脈の南木曽岳《なぎそ》（1679m）、吉田山（1450m）、風越山《かざこし》（1535m）、兀岳（1636m）、夏焼山（1503m）、傘山《からかさ》（1542m）等を別にすれば、主脈では木曽駒ヶ岳とその周辺、それに南端の恵那山に登った程度である。

【恵那山】

恵那山（2191m）には1999年6月に1人で登った。日記を一部省略して、南麓から登った当日の山行を写しておく。「9時黒井沢の登山口を出発。最初の樹林帯はサクラ、ニレ、ブナ、カエデ、カツラ、スギなどの巨木が点在する深い森。渓流を渡り返して登るうち視界開け、対面する斜面は、シラカバ、ダケカンバの森（若葉になったばかりの愛しいほど柔らかな新緑で、まだ繁りは少ない）。「野熊の池」に着く。ナナカマドと笹に囲まれた小池だが、流入する水量多く、水は清冽。……池から上部はカラマツ林。新緑がまぶしいほど鮮やか。……山頂近くは、ツガなどの常緑針葉樹に覆われている。厳しい風雪で枯死した白い木が風景にアクセントをつけている。頂上避難小屋の前では、ヤマザクラが一本満開。12時半に着き、昼食。そこから5分程の登高で頂上へ。曇天で遠望なし。下山は1時半～4時半。森と樹林の新緑を楽しんだ山行」。その後、神坂峠からこの山への北からの登高も考えたが、これは

果たせないままである。

【木曽駒ヶ岳・宝剣岳・三ノ沢岳】

木曽駒ヶ岳（２９５６ｍ）と宝剣岳（２９３１ｍ）には、伊那での私の初めての夏のゼミ合宿の際、それが終わって学生と一緒にこの両山に登ったのが最初であった。さらにその20年後の１９９２年の８月に夫婦で、この両山に加え三ノ沢岳（２８４６ｍ）に登った。その後、大学時代の同期生の駒ヶ根への懇親旅行の際、有志で木曽駒ヶ岳に登った。いずれも千畳敷までロープウェイを利用した。ここでは二度目の夫婦での山行について記す。この山行は、三ノ沢岳のお花畑を見たいという妻君の希望に、私も同道したものであった。

木曽駒ヶ岳頂上

８月22日12時前に、大混雑するロープウェイで千畳敷に着き、直ぐに登り始める。残念ながらガスに包まれ遠望はまったくきかない。ゴロゴロした岩の急坂を登って伊那前岳につながる稜線に出ると、天狗山荘は直ぐである。所要時間は50分程。宿泊の手続きをとって、中岳を経て駒ヶ岳山頂に向かう。山頂でしばらく遊んで、北東に延びる馬の背を歩いて、濃ヶ池に行く。ここは人影なく、静寂な池畔でお茶を沸かして飲んだ。岩の上でしばらく昼寝をする。見え隠れする緑の山稜を眺めながら、2人だけの贅沢な時間を楽しんだ。周辺はお花畑で、この年はこの時期まで随分と花々が残っていた。帰途の駒飼ノ池からはきつい登りで、16時半に山荘に帰った。夕食後、部屋に戻ってひと寝入りする。部屋は中年の夫婦四組で計8人であった。夕闇迫るころ外に出ると、ガスが薄れて山々の黒々とした姿が望める。西は夕焼け空に御嶽山が浮かぶ。暮れゆく夕景の中で静かな刻を過ごした。就寝前再び外に出ると満天の星であった。

隣のご婦人のいびきで眠りは浅い。4時半ころには皆起床して、5人は前岳にご来光を見に行くが、我々2人は小屋の前で眺めた。雲海の上に、北に八ヶ岳連峰、東に南アルプスの山々が隈取りも鮮やかな姿で浮かんでいる。富士山も塩見岳の左手に山頂をのぞかせている。5時過ぎが日の出であった。朝食をすませ、6時に山荘を発つ。この日は好天で、北アルプス（穂高岳、槍ヶ岳）、乗鞍岳、御嶽山、三ノ沢岳、空木岳などもよく見える。朝望む山塊は澄んだ空気の中で、輪郭もくっきりして見事な山容を見せてくれる。先ず宝剣岳に向かう。山量は大きくはないが、尖った三角形の険しい岩山である。深い谷を眼下に、鎖を手に緊張しながら岩伝いで登った山頂は360度の大展望。南側に下りる。宝剣は登りも下りも鎖場の連続である。危ない登下降を繰り返して、三ノ沢岳への分岐に辿り着く。ここで少し休み、南へ縦走路を辿る多くの人とは別れて、三ノ沢岳に向かった。小さなピークをいくつか越えて、どっしりして姿も端正なこの山の頂上に着く。分岐からは1時間40分であった。この間、広がる展望と小さいながら随所にあるお花畑を楽しんだ。頂上付近の平たい巨岩の上でお茶を飲み、果物を食べて、のんびりとした時間を過ごして帰路につく。30分あまり急坂を下り、小ピークで10時の早い昼食にする。ここから分岐まではかなりきつい登りで汗をかき、顔は強い陽射しで痛い程焼ける。分岐に11時半に着き、少し休んだ後、その南にある極楽平の分岐を下って千畳敷に下り着いた。妻君は濃ヶ池と三ノ沢岳のお花畑を楽しんで満足そうであった。

宝剣岳を背後に妻君

第3章　高峰を歩く（ii）

富士山を除けば、そして独立峰としての扱いを受けることもある木曽の御嶽山を除けば、日本アルプス以外に３０００ｍを超える山はない。しかしそれぞれの地方に、その地方を代表する高峰がある。私が登高経験のあるそれらの山々のうち、すでに別の項目で触れた山を除いて、九州から北海道の各地方から少なくとも一つを選んで、その山旅を記しておく。登った数からいえば、東日本各地の山が圧倒的に多いので、こちらは同一地方でも複数の山を選んだ場合が多い。ただ関西地方の山が抜けている。この地方の高峰には伊吹山（１３７７ｍ）や大台ヶ原山（最高峰・日出ヶ岳　１６９５ｍ）や大峰山（最高峰・八剣岳　１９１５ｍ）があるが、伊吹や大台ヶ原には頂上直下の駐車場から短い距離を歩いたに過ぎず、また大峰には登っていないためである。

（1）西日本　―　宮之浦岳、大山、石鎚山

［宮之浦岳］

宮之浦岳は九州本土から離れた屋久島に聳える山であるが、標高が１９３６ｍあり、九州全体で最も高い。この山には１９９８年11月初旬、大学祭の休講期間を利用して、旅行社の登山ツアーに参加して

登った。鹿児島空港で、東京、名古屋、大阪、福岡から参加した25人とツアーリーダー3人の総勢28人が合流し、屋久島に飛んだ。安房で昼食をとり、広い横幅をもつ千尋の滝を訪れ、尾之間の海辺の温泉に入浴して、民宿に三組に分かれて分宿した。

翌朝5時に宿を出て合流し、バスに同乗して林道終点まで行き、朝食の弁当をとって、7時半前に登高を開始した。淀川《よどごう》小屋―花之江河《はなのえごう》―投石平《なげしだいら》を経て宮之浦岳に登った。花之江河と投石平手前の投石湿原は矮小化した屋久杉やシャクナゲが趣を添える日本庭園風の魅力ある湿原である。投石平に登って谷側に降り、鞍部に登る。そこからいくつもの巨岩のそびえる急坂を登ると山頂である。広々とした展望が拡がる。北西に永田岳を盟主に花崗岩の白い岩肌を点在させて岩峰が連なっていた。ここで昼食をとり、焼野―平石を経て新高塚小屋に16時に着いた。小屋は満員で、野外でツアーリーダーの作った食事をとった。しきりに屋久鹿が出没した。小屋は込んでいて身動きつかず、夜トイレにも行けない。

翌朝7時、下山を開始した。縄文杉はすぐのところにあり、保護のための展望のウッドデッキが設けられていた。以前に、林野庁に勤務する次男が訪れた時も、妻君が山仲間と訪れた時も、縄文杉に手で触れることができたという。妻君たちは根元を保護するために下から土を持参したと聞く。７０００年を超える樹齢を重ねて、幹の太さにも幹のゴツゴツした姿にも見る者を圧倒する威厳を感じさせる。この杉を感嘆しつつしばし眺めて、これに劣らぬ魅力を備えた夫婦杉―大王杉、巨大な切り株・ウィルソン株を見ながら、鬱蒼とした樹林帯を下山した。今では縄文杉よりも幹回りの大きい巨木（ジオンジ杉）

も発見されている。伐採のために設けられた旧トロッコ道を延々と歩き、旧小学校跡に立ち寄って荒川大橋に14時に着く。旧トロッコ道といい、旧小学校跡といい、かつて屋久島が屋久杉の伐採によって林業が盛んであったことを物語っている。宿のホテルでは60歳代ばかり4人が同室となったが、そのうちの2人は海外登山の経験も豊富で、スイス・アルプスとカナディアン・ロッキーしか知らなかった私にとっては、その後の海外山行への刺激となった。翌日なかなか雄大な大川の滝と近くのフルーツパークを訪れて、最後を締めくくった。〝月に35日雨が降る〟といわれるこの島の天候を心配したが、予報とは違い登山日はまずまずの天候で、下山日は好天であった。しかし今年の5月の大洪水で山が荒れて、多数の登山者が山に閉じこめられるという災害が生じたことは記憶に新しい。

日記を繙くと、「屋久島の森は、原始の森、怪異の森。幹回りの太い巨木が、上部は折れながら、大きな枝を左右に張り出している。いたるところで倒木更新があり、巨木に寄生する木々も眼にする。巨木は杉だけではない。ヒバにも多い。ヒメシャラの群生も目についた。」と記している。縄文杉に象徴される屋久島の森を堪能する感動の山歩きであった。

【大山《だいせん》】

１９９８年９月３日に、中国地方の最高峰である鳥取県西部の大山の弥山《みせん》（１７０９ｍ）に登った。各地の天気予報を見て、鹿島槍、鳳凰三山など幾つかの候補の中から大山に決めた。この時まで山陰は訪れたことがなく、山と共に松江・出雲に足を延ばすことにした。その際遠望した三瓶山《さんべ》（1126m）に魅力を感じ、その後夫婦でこの山に登り、ついでに隠岐島を訪れるきっかけとなった。大山行は前日米子に着き、市内を見物した後、大山寺下の宿に入った。この日は山頂はガスに隠れていた。

翌朝6時半に宿を出た。夏山登山道を登り、石段を上り詰めると山道になる。登山道は年経たブナ林が見事であった。西日本最大規模という。ミズナラの樹林も混じる。6合目あたりから低木になり、山稜は天然記念物のダイセンキャラボクの群落が広がっていた。高山植物も数種花を咲かせていた。4合目あたりから8合目あたりまではかなりの急坂で、しかも木や石の階段になっていて、身体を持ち上げる形になるので太股にこたえる。山稜に登り着いて自然保護のために設けられた木道を歩いて、避難小屋のある弥山山頂に着く。ガスで展望はいま一つであったが、時折ガスが流れて眺望が拡がる。山頂には若い登山者が多かった。山稜の南北両面は崩壊が激しい。この崩壊地を東西につなぐ縦走路にある最高点・剣ヶ峰（1729m）は痩せ尾根の上にあって崩壊の危険で入ることを禁じられているが、禁を破って剣ヶ峰に向かう1人の登山者の姿が見えた。同宿だった奈良から来た御夫婦とこの山頂でも一緒になった。1時間あまり山頂で過ごし9時半に下山へ。途中で中学・高校の学校登山の列と行き交った。ピストンでの下山後、大山寺を訪ねて見物し、11時40分に宿に戻った。昼食をとり入浴して、米子を経て松江に向かい、着後、城を取り巻く堀川めぐりの船を楽しんだ。

翌日は松江城、小泉八雲旧居等を見物し、午後に出雲大社に回った。この日は帰路の電車の中から、東に浮かぶ出雲富士とよばれる大山の優美な姿がくっきりと見えた。大山は見る方角によって、山容が著しく違って見える。西からとは違い北からは横に長く、崖の崩壊も目立つ。大山行は個人山行では慣例化している山と観光とを組み合わせた思い出に残る旅の一つであった。

［石鎚山］

石鎚山は四国愛媛県に位置する高峰である。往古からいう「伊予の高嶺」である。標高は１９８２ｍだが、西日本では最も高い。仏教渡来以前から、信仰登山の盛んだった山だという。

１９９１年８月20日にこの山に夫婦で登った。林野庁に就職し、高知県の檮原《ゆすはら》町にある営林署担当区事務所に勤務を始めたばかりの次男を訪ねる旅の途中での登山であった。神戸からフェリーで瀬戸内海を松山まで渡り、翌日に道後温泉、松山城を訪れた後、面河《おもご》渓谷に宿をとり、濃いブルーの水を随所に見せる素晴らしい渓流沿いを散策した。翌20日、土小屋まで車でスカイラインを走り、積んできた登山道具を身につけ、８時に山頂に向かった。北側の成就社からの表参道コース、面河渓谷からの裏参道コースに比べると、この土小屋からのコースが標高差も５００ｍ足らずで所要時間も短い楽なコースである。次男の職場を訪ねるついでの登山で、下山後に檮原まで走る予定があったから、早い時間に下山するには所要時間が短いコースでなければならなかった。

石鎚山頂上直下の一景

登高中は、山頂は霧に覆われることが多く、展望は時折垣間見ることができる程度であった。魅力的なブナ林の中を緩やかなアップダウンを繰り返して登ると、笹原と白骨林の道になり、やがて二の鎖場に着く。ここで表参道と合流する。鎖場には迂回路もあり妻君はそちらをとったが、私は急傾斜を鎖を使って登った。さらに三の鎖場を登り切ると石鎚頂上社である。鎖の長さはいずれも60 mを超える。そこから梯子を登った頂稜が、通常石鎚山頂とされる弥山である。ここは標高１９７４ｍで、最も高いのはここから南東に延びる岩稜の先にある天狗岳である。よくあるケースだが、ここも石鎚山という特定の山はなく、これらの幾つかの頂稜を合わせた山名である。ここから好天だと瀬戸内海も土佐湾も望めるというが、この日はあいにく遠望はきかない。ただ近くの、痩せて両側が鋭く落ち込んでいる岩稜の尾根道とその先の天狗岳はよく見えた。三角形に尖ったこの岩峰はなかなか魅力的ではあるが、しかしこのコースを時間に急かされて歩くことは危険だと判断した。弥山でラーメンを作って昼食とし、往路と同じコースを歩いて土小屋に14時に戻った。

下山後、四国を横断する山脈を越えて、坂本竜馬の脱藩の道として知られる檮原に向かった。地芳峠《じよし》越えの道は狭く、カーブの連続で難路であったが、途中に有名な大カルスト高原があった。次男の事務所は一人職場で、住居を兼ねていたが、手が行き届かず乱雑な状態で、妻君は母親らしく、着くや早々掃除に取りかかっていた。

（2）中部 ― 木曽御嶽山

【木曽御嶽山】

木曽の御嶽山は通常北アルプスの一座として数えられるが、しかしその主脈とはかなり離れており、それとは別の独立峰として取り扱われる場合もある。その取り扱いをとれば、日本アルプス以外での3000m峰は、富士山と標高3067mのこの山だけである。高さもさることながら、南北に台形状に大きく広がり、主峰剣ヶ峰をはじめ幾つもの山頂を抱える巨大な山量が、麓から見る者を圧倒する山である。その高さと巨大な山量の故に、名古屋からも晴れた日に高台に登れば、その姿を眺めることができる。活火山で、2014年9月の突然の噴火で、63人という多数の登山者が犠牲になったことは記憶に新しい。入山規制が2019年にやっと解けて、山開きの日に雨の中を犠牲者の親族などが、山頂に登ったことが報じられた。

この山に最初に登ったのは、名古屋に居住するようになって間もない頃で、小学校入学前の２人の息子を含めた家族登山であった。もう50年近く前のことになる。麓の王滝に宿をとり、田の原から剣ヶ峰に登り、下山途中に千本松原の小屋に泊まった。ゆったりとした行程であったが、子供らは、山頂らしき所に着くとその先にまた山頂が見えるといって、しきりに不平を口にしていた。しかし剣ヶ峰から下

御嶽山飛騨頂上の五の池小屋にて、左から海老澤さん、小林さん、高須さん

眼下の三の池、左から高須さん、小林さん、海老澤さん

りて雪の残る二の池に着くと、夏の雪が珍しいのか雪と戯れて大いにはしゃいでいた。山腹には信仰の山らしく、信仰登山を表す石碑や霊神があちこちに建てられており、また白装束で「六根清浄」と唱えながら集団で山頂を目指す信者の列や滝に打たれて行をする信者の姿も目にした。

次にこの山に登ったのは、１９９３年10月のことで、今度は飛騨側の濁河《にごりご》からの登山であり、同僚との登山であった。同月11日、同僚の海老澤さん、高須さんと高山線の飛騨小坂に行き、バスで濁河温泉に向かった。崖沿いを走るバスの窓からは御嶽山がくっきりと見えた。宿は「嶽の湯温泉」で、足慣らしに自然探勝路を歩いて宿に戻ると、東京から小林さんが到着した。彼は海老澤さんの京都大学時代の友人で、出版社を経営しているという。翌朝車で登山口まで送ってもらい、7時に4人で登り始めた。ただ高須さんは今回初めて履く登山靴が足とぴったり合わず、荷の重いこともあって足どりがはかばかしくない。途中でソックスを重ねて履いてかなりましになった。トウヒやシラビソの森の中を歩き、仙人滝、湯の花峠、のぞき岩、お助け水を経て、ハイマツ帯を抜けると飛騨頂上（五の池小屋）で、11時に着いた。ここで昼食をとったが、その際神社の冬の雪囲いのための材木に腰を下ろして、小屋の人に注意されたのは苦い思い出である。空は青く明るいが、風が強かった。12時に剣ヶ峰を目指して出発する。中央アルプス、南アルプスを遠望し、眼下に美しいコバルトブルーの三の池を眺めながら、賽の河原に向かう。ここに着く頃から、ガスが湧き出て風が一層強くなった。あちこちにケルンが積み上げてある広い賽の河原は、ガスで見通しがつきにくくなり、コースどりに苦労する。冬に吹雪にでもなれば遭難の危険の高い所であろう。なんとか迷わずに二の池に出て、御嶽神社のある最高地点の剣ヶ峰に13時半に着いた。ガスで山頂からの眺望はない。ガスの中を下山するが、王滝頂上小屋あたりからは風も収まり青空が広がった。石だらけの道をひたすら下るが、小林さんの膝が不調になり、しばしば休むことになった。それでもなんとか16時20分に田の原に着き、予約のタクシーに乗って、御嶽山と木曽谷を挟んで対峙する木曽駒ヶ岳の麓の「駒の湯」に行き、入浴して疲れを癒し、ビールを飲みつつ夕食をとった。下山後の温泉とビールは山歩きの大きな楽しみのひとつである。快調な足どりとはいかなかったが、親しい同僚との親交を深める得難い登山であった。

（3）東日本 ― 甲武信岳、金峰山、苗場山、鳥海山・月山、八甲田大岳・高田大岳

【甲武信岳】

甲武信岳（2475m）の山名は、この山が甲斐・武蔵・信濃の境に位置するところから付けられたという説が一般的だが、別に山容が拳を突き上げたようにみえることに由来するという説もあるという。この山に夫婦で登ったのは2010年6月のことであった。妻君が山仲間と計画しながら、体調悪く同行できなかった残念な思いから今回私が誘われた山であった。

6月16日多治見インターから中央高速を使い、長坂インターで降り、北上して川上村に入り、役場横

のレストランで昼食をとって毛木平駐車場へ行った。このあたりの畑ではレタスの栽培が盛んであった。12時半に車を置いて十文字峠を目指して登り始める。東沢沿いを登り、八丁坂の急坂を経て、3時過ぎに十文字小屋に着いた。汗だくの衣類を着替えて、乙女の森のシャクナゲの群生地を見に行く。やや薄いピンクのアズマシャクナゲが最盛期だが、しかしその終盤に近い。小屋周辺を含め、これだけの群生は圧巻である。小屋の管理者は女性で、宿泊は横浜の3人の女性組と我々だけであった。

翌朝6時半に甲武信岳を目指す。前日は雨から曇りの天候であったが、この日は快晴。コメツガが林立する林床に、シャクナゲが群生し、または点在する。ダケカンバはまだ芽吹き始めであった。細君の足が次第に進まなくなる。脈拍が激しくなり、少し歩いては休むことの繰り返しが、甲武白岩岳―三宝岳まで続く。この状態は男体山、三瓶山の場合に続いて三度目のことであるが、今度が最も激しい。しかし三宝山への長い登りの後、山頂に突然出るとかなり元気になる。標高2483mのこの山は埼玉県の最高峰という。目的の中武信岳がボリュームには欠けるが、端正な姿で見えた。ここで昼食をとり、また下って登り、甲武信岳の山頂に12時に着いた。大小の石を積み上げたその中央部から、「日本百名山　甲武信岳」と雄大に記された長い標識が突き出している。先着の若い夫婦の話では、つい先程まで富士が見えていたという。しかし北東の両神山、南東の金峰山、西の八ツ岳は、ガスに時折隠れながらもよく見えた。ここでしばらく休んで、少し下りたところにある甲武信小屋に午後1時に入った。午後は小屋周辺で心地よい高山の涼やかな空気味わいつつ、近くの荒川源流部を訪ねたりしてのんびり過ごした。夕食後、甲武信の花や展望のビデオ、小屋主山中さんの東沢渓谷遡行のビデオなどを見る。宿泊は夫婦三組など計11人だが、前日は私が入会したばかりの「ふわく山の会」の貸し切り状態だったとか。この日白岩山を過ぎた所で、我々とは逆コースを歩くその「ふわく」の一行と行き違った。

翌日は日の出を眺めた後、6時過ぎ小屋を出発し、甲武信岳に登り返し、尾根から西沢に降りる。千曲川源流地点に立ち寄る。地中からかすかにしみ出すようなわずかな水が、次第に水量を増し、渓流と

三宝山頂上より甲武信岳遠望

甲武信岳山頂標識

なる西沢沿いを降りる。周辺の森林の新緑が鮮やかで、目を和ますがこの下りは結構長かった。10時過ぎに毛木平の駐車場に着いた。中央高速で帰路につくが、激しい雨になった。帰宅して新聞を見ると、私の大学硬式野球部の部長時代の選手で、ゼミ生でもあった中日ドラゴンズの岩瀬投手が250セーブを達成して、名球会入りの資格を得たことが報じられていた。野球ファンなら知る人も多いと思うが、その後着実に数を重ねて400セーブも達成した。その節目の記念のボールは私の手元にある。

【金峰山】

金峰山《きんぷ》（2599m）は奥秩父の西端にあって、奥秩父の盟主と称される。高さではその東にある北奥千丈岳（2601m）に僅かに及ばないが、秀麗な山容とその山容にアクセントをつける五丈岩という大きな岩の突起物が頂上にあって、登高意欲を刺激する点でそちらをはるかに上回っている。この山を最初に意識したのは、瑞牆山《みずがき》に登る途中の分岐点・富士見平から東にその山頂を遠望した時で、この時も五丈岩がこの山のシンボルのように魅力的に見えた。高校時代の同期で、以来長い交友が続いた友人・山口勇君が、都立商科短大を退職して間もなく、67歳で癌で死去したが、瑞牆山に足を運んだのはこの山が彼の死去前の最後の夫婦で登ったという山だったことによる。三回忌にあたる2007年8月に慰霊登山の意味をこめて、彼との濃密だった関係をひとり胸中で思い出しつつ登った。その時以来いつかは金峰山にも挑戦してみたいと思っていたが、昨年まで果たせないままであった。

２０１８年10月、夫婦で金峰山に登った。金峰山小屋が予約で満員ということで、通常使われる瑞牆山荘からのコースを断念し、大弛《おおだるみ》小屋からの尾根道をピストンすることにした。妻君は過去二度金峰山に登っているが、このコースは初めてであった。同月20日、塩山からバスとタクシーを乗りついで大弛峠まで行き、11時に小屋に着き手続きを済ませて、国師岳に向かう。途中で青空が消え一面ガスに覆われたので、階段と石の急登を登り切った前国師岳で引き返すことにした。ここから国師岳までは尾根道で比較的楽な印象だったが、展望なしでは仕方がない。小屋に戻って昼食をとり、床を敷いてウトウトする。この間に天候は雨になり、夕食後外に出ると雪になった。

翌朝は一転快晴になっていた。小屋主の勧めで予定を繰り上げて6時半過ぎに金峰山に向かった。最初はシラビソの森で、木々には雪が積もっていた。次第にシャクナゲやハイマツも姿を現す。森が縞枯状になった地点で、枯れた樹間から雪を被った富士山が見えた。ここから下ると朝日峠で、この先の急坂を登ると朝日岳の頂上（２５７９ｍ）であった。岩場からは富士が一層大きく見えた。展望を楽しむ登山者も少なくない。ガレ場の急坂を下り、鉄山を巻いて登ると金峰山の東肩にあたる頂上の一角の広い展望台に出た。端正に美しい雪の富士の姿を眺めながらの、また葉を落としたダケカンバの枝についた霧氷の白く陽光に輝くさまに感嘆しながらの道行きであった。展望台からは西側の眼下に、白い大きい岩の突起物を組み合わせたような独特の山容の瑞牆山が目をひく。前に登った時には、このような全体の山容はつかめなかった。その山の背後には八ヶ岳の山並み、北東にはかつて夫婦で登った甲武信ヶ岳、東には奥北千丈岳、そのかたわらに昨日登った前国師岳も見える。南には勿論富士。大展望であった。

金峰山展望広場の霧氷

金峰山頂上より五丈岩を望む

五丈岩に向かった。積み重なった大きな岩の間を進むが、途中で段差があり、雪が氷状になって滑り易い岩があり、妻君はここで、山頂は二度も行ったからといって前に進むのを断念した。私は何とかその岩を越えて、長方形の岩を組み合わせたような五丈岩の前の広場に出て、頂上標識のある岩場に登った。この山頂にも、五丈岩の前の広場にも、若い登山者が群れをなしていた。大部分は大弛峠からのコースとは別のコースから登ってきたものと思われた。展望の広場に戻ろうとしたが、妻君が断念した岩が今度は滑ってなかなか越えられない。反対側の女性の登山者が手を引いてくれて助けてくれた。妻君と合流し、展望を楽しみながら昼食をとり、12時過ぎ、下山に向かった。気温が上がって氷が溶けてぬかるみ状態になった所が多くなっていた。岩も滑り易くなっており、慎重に下った。14時10分に小屋に戻ってビールを飲む。霧氷の美しさを眺めて金峰山頂に立ち、大展望を楽しんだ大満足の山歩きであった。

［苗場山］

大学の学長を退任し、また大学そのものを退職した２００８〜９年は、時間的制約から解放されて、内外の山をよく訪れた。日本の高峰でいえば、南アルプスの塩見岳であり、上越の谷川岳であり、信越の妙高山であり、同じく苗場山であるが、その苗場山には今年7月「ふわく」の公開山行で再度登った。この山は広い台形状の山頂部分に、数多く池塘を点在させる独特の景観をもつ魅力的な山である。

最初の苗場山行は、２００９年10月で、飯山線の津南から秋山郷の小赤沢へ行き、民宿「出口屋」に泊まった。江戸期以来、この小赤沢が秋山郷の中心的集落の一つのようだ。夕食まで秘境の趣きが残るこの地を、神社、旧民家等を訪ねて散策した。翌４日、同宿の7人はそれぞれにマイカーだが、私は宿の軽トラックで3合目の赤沢登山口まで送ってもらい、7時15分に歩き始めた。最初はぬかるんだ登山道を登り、7合目あたりからが鎖場の急登であった。9時20分にウッドデッキが設けられている9合目の坪場に出ると、一挙に視界が広がる。坪場は台形状の山頂部分の南端にある。下から眺めると、この山は南北に平たく長く延びている。標識の立つ苗場山頂に10時半頃着く。頂上ヒュッテで手続きを済ませて昼食をとり、午後は広い台地に点在する池塘とオオシラビソの織りなす見事な湿原を、木道を辿りながら約3時間のんびりと散策した。苗場山の名前は、この池塘に稲のごときものが生えていることから付けられたらしい。赤倉山へのコースや赤湯へのコースにも少し足を踏み入れる。天候は曇天気味で、午後はガスが流れるが、最盛期の艶やかさには欠けるものの、広大な見飽きない草紅葉の景観を堪能する。夜のヒュッテでは、百名山完登を記念するある大学の先輩・後輩の登山者のグループと床を並べることになり、酔ってうるさい。しきりに話しかけられるが、少々迷惑であった。

翌朝7時過ぎ、ヒュッテを出て祓川コースを下山する。神楽ヶ峰で苗場山は見納めとなる。ぬかるんだ道を滑らないことを主眼に慎重に和田小屋まで下りた。6合目あたりの草紅葉は山頂部分とは違い、色鮮やかで見事であった。小屋でコーヒーを飲み、タクシーを呼んで湯沢駅に行き、駅の温泉に入浴し、『雪国』の作者川端康成の碑の立つ中心街を散策した。

２０１９年7月の「ふわく」での苗場行は、参加者15人（男6人、女9人）で、このところいつもながらであるが、私が最高齢であった。この山行のリーダーは横坂夫妻で、関西を中心とする山行で私は何度もお世話になっている方であるが、先年夫人が苗場に登った際、下が空洞の雪を踏み抜いて落ち、アイゼンが引っかかって足を複雑骨折する事故にあった。ヘリコプターで搬送された時にお世話になった「山頂ヒュッテ」の人へのお礼方々、いわば苗場山へのリベンジの山行でもあった。「ふわく」の他に春日井を中心とする「スルジュ山の会」のメンバー4人（男1人、女3人）が同じマイクロバスに同乗した。この中の男性は、奇しくも愛知大学の古い卒業生であった。同月5日、名古屋から高速に乗り、途中の豊田飯山で降りて斑尾高原を2時間程散策した。この数年信越トレイルを歩いていて、希望湖周回トレイルなどはついでに歩いた所であり、懐かしさがあった。秋山郷での宿は、小赤沢を更に奥に入った和山の栃川温泉「ヒュッテひだまり」で、ここの夕食は山菜を中心に盛り沢山で、よく食べる方の私でも一品を残した。和山は山の文芸誌『アルプ』編集の中心人物で、エッセイストとしても著名な串田孫一がよく通って、難路で知られる鳥甲山《とりかぶと》に登る拠点とした集落である。

翌6日、マイクロバスで小赤沢3合目登山口に行き、8時半に登高を開始した。コースは以前私が歩いたのと同じである。やはり7合目あたりからの鎖場の急登には苦労した。妻君も二度この山に登っているが、一度は和田小屋の方から登り、赤湯に下り、今一度は私の場合と同様で秋山郷から登り和田小屋に下りたらしい。坪場に着いたときはホッとした。天候は曇りであったが、この坪場に辿り着いた頃には青空も覗き、西に遠く妙高山が雲に見え隠れしながら山頂をのぞかせ、対面する鳥甲山が谷筋に崩壊の跡を見せながら大きく屹立していた。江戸期にこの山へ登った鈴木牧之の『北越雪譜』には、信越の山々は勿論、遠く佐渡や能登が見え、富士も雪の一握りのように見えたとある。よほど天候に恵まれたのであろう。残念ながらそのような大展望は先回も今回も得られなかった。坪場に着くと風が強く、一枚重ね着をした。森を抜け、苗場神社に立ち寄ると、「ヒュッテひだまり」の主人相沢さん率いる若手の山岳パトロールのグループと行きあった。長野県でも登山届が義務化されたというチラシを配布していた。昼食をとり、「頂上ヒュッテ」に着いたのは13時半頃であったろうか。この頃より強風に加えガスが立ち込めるようになり、頂上標識のところで集合写真を撮るなどしばらく時間をとった後は、ヒュッテでアルコールを飲みながら、愛知大学の卒業生から、影響を受けたという私も知る教授の話などを聞き、歓談に過ごした。

今回印象的だったのは、雪解け後で、花々が一斉に咲き出していたことで、中でも濃いピンクのイワカガミと白い花弁ながら大きい黄色の花芯が全体を黄色っぽく見せているチングルマが目立った。イワカガミは、この山頂部分だけでなく、登山路の中腹から、翌日の下山路にいたるまで、今が最盛期かと思わせる賑やかな咲きぶりであった。チングルマは高山では珍しい花ではないが、これほど輝くように鮮やかで美しく群生しているのを見るのは、初めてに思えた。

翌日6時半、湯沢方面に下山した。風とガスに多少の雨粒があり、雨具をつけての下山であった。一旦急坂を下りたあと、神楽ヶ峰へはかなりの急登で、少々足にこたえた。先回は苦労した記憶はない。加齢10年の故であろうか。また登りはともかく、大小の石だらけの下山は、年とともに苦手になり、途中濡れた石に足を滑らせて転倒し、右腕に擦り傷をつくった。途中から雨具は不要になり、全員無事に

苗場山の池塘と鳥甲山遠望

チングルマとイワカガミ

和田小屋まで下山し、「街道の湯」で入浴して汗を流し、帰名した。あと10日で歳を重ねる私の80歳最後の登山であった。

酒田の山居倉庫とケヤキ並木

［鳥海山・月山］

出羽の鳥海山は標高２２３６ｍで、東北では燧ヶ岳に次いで高い。写真で日本海側から見ると、左右に長く裳裾を広げ、左は日本海に達するコニーデ型の均整のとれた美しい姿をしている。しかし南側から見ると、この山は西鳥海と東鳥海という二つのピークからなる複合火山であることを示し、山容の印象は違う。有史前の噴火で先ず西鳥海が生れ、ついで活動が東に移り東鳥海が形成されたらしい。その東鳥海の中に１８０１年の大爆発で、現在の最高地点である新山が生れたという。

２００５年８月に夫婦でこの山に登り、この新山の頂きを踏んだ。登山前日の同月26日、酒田に宿をとり、宿の川向こうの「山居倉庫」を訪れた。倉庫群の裏手とケヤキの大木の組み合わせは、写真や絵画などでよく見かける魅力的な景観である。もともとは酒田港から積み出される米の倉庫であるが、現在も一部は現役の米倉庫で、他の一部は売店、人形展示場、庄内資料館などになっていた。豪商であった旧本間邸等を見物したあと、この倉庫内にある風情ある「芳香亭」で夕食をとった。

翌日バスで観音寺まで行き、そこからタクシーで車道終点まで走った。妻君は以前、象潟口の鉾立から新山に登り、そこからこちら方面の湯ノ台に下山したという。南面から登り西側に下りる今回とはほぼ逆のコースである。滝の小屋、河原宿小屋へと登るにつれて、曇りがちの天候ながら青空も見えはじめた。雪渓を横切り、チョウカイアザミで有名な急なアザミ坂にかかる。喘ぎつつ登り、東鳥海の外輪山の一つ伏拝岳に辿り着いて大休止した。青空の下、新山頂上が真向こうに見える。風が強いが、ここでしばし昼寝をした。その後は同じ外輪山の行者岳を経て七高山への尾根歩きである。ここから少し下って、16時過ぎに小屋に入った。ここに大物忌神社がある。外輪山の山名で分かるように、この山も信仰の山である。神社名が示唆するのは、この山が度々の爆発で麓の人々に畏怖されていたということである。小屋は登山者で満員であ

鳥海山頂上と私

った。夕食後、日本海に落ちる落日を眺めるが、ガスの中でぼんやりとしている。吊り棚状のコーナーに4人で寝たが、他の2人は大阪からきた若い女性であった。

翌日は曇り、山はガス。朝食後1人で雨具を着て新山のピークへ行く。妻君は以前に山頂を踏んでいる。山頂はゴツゴツした黒い溶岩の岩峰である。ガスの合間に瞬時、日本海が見えた。7時15分、千蛇谷コースを辿って下山へ向かう。途中で雪渓を渡る。下から眺める外輪山は火口壁が荒々しい。その後の七五三掛の直前は、ハシゴ場の急坂であった。尾根筋の下山路から、左に落ち込んだ火口底に横たわる鳥海湖の静かな様子が、ガスの中に見え隠れする。御浜を経て、賽の河原を通って、11時半に下山口の鉾立に着いた。昼食をとり、バスで酒田に出て、列車で鶴岡へ行き宿をとった。翌日の月山登山のためである。

写真で見るような鳥海山の全容は、結局眺めることはできなかった。酒田からピークがガスの上に少し姿を現しているのが見えただけであった。日記に個々の花の名は記していないが、印象に強いのは、この山は中腹より上は山腹全体がお花畑の感で、雄大であったことである。本州ではここだけでしか見られない花もあるという。

同月29日6時半、ホテルの車に参拝者と同乗して、湯殿山神社に向かう。ここの御神体は、赤っぽい丸い巨岩で、上部から温泉が湧き出している。これを湯殿山というらしい。日本には山や巨岩を御神体とする神社が少なくない。裸足になって参拝する。参拝後、7時に登山をスタートする。今回はここから月山頂上を経て８合目に下りるコースをとるが、妻君は以前これと丁度逆のコースを歩いている。月光坂の急坂を登る。鉄バシゴも多い。遠望する月山山頂はガスの中だが、山腹に広がる景色はよく見える。登り切った所が金姥で、南から延びる姥沢コースと合流した。しばらくはなだらかな登りであるが、牛首からは石段の続く急坂になる。牛首を過ぎたあたりで、逆方向から歩いてきた鳥海山で一緒だった東京の御夫婦と行き交った。われわれもそうだが、コースは色々でも鳥海・月山を組み合わせて登る人が多いようだ。鍛冶小屋を左折してひと登りすると、頂上手前の広場に出た。目の前が月山神社のある山頂（１９８４ｍ）である。最後の急登で山頂に着くが、ガスの中で展望はない。参拝をすませて、直ぐに弥陀ヶ原への下山に向かった。小雨になり雨具をつける。仏生池小屋を経て、８合目のレストハウスに近づくとガスが流れて視界が広がり、数々の池塘が点在する広大な弥陀ヶ原の魅力的な湿原が姿を現した。天候も最後に少しばかりのサービスをしてくれたようだ。タクシーで鶴岡駅に出た。

【八甲田大岳・高田大岳】

八甲田山の名前は、日露戦争を前にした雪中訓練で青森連隊が参加者の大部分を失うという世界の山岳遭難史でも類例をみない犠牲者を出したことで知られる。私も新田次郎の『八甲田山死の彷徨』を読み、それを映像化した映画を見て、その山名が強く印象づけられていた。その山に登ったのは２００４年７月のことであった。

名古屋から青森に飛行機で飛んだ。機上からは地上で見るのとは趣は違うが、乗鞍、穂高、槍、燕などの北アルプスの岩峰群の偉観がよく見えた。空港に着いてタクシーで八甲田ロープウェイ乗り場に行く。10分で山頂駅である。レストランで昼食用のおにぎりを求めて11時に歩き始めた。田茂萢遊歩道を抜け、赤倉岳に向かう。オオシラビソとハイマツ帯を通って主稜線へ抜け出たピークで、他のグループともども昼食をとった。12時に再スタートし、赤倉岳山頂（１５４８ｍ）を経て井戸岳噴火口に着いた。右に荒々しい火口壁が切れ落ちている。そこからジグザグに下ってログハウス造りの大岳避難小屋に12時半に着いた。小屋にリュックを置いて、ガレ場の登山路を山頂（１５８５ｍ）まで往復した。大きな標識のある山頂は柵をめぐらした平坦地で、外国人を含め数人が展望を楽しんでいた。この日曇りでガスが流れるが時折陽も出る天候で展望不可ではない。翌日登る予定の端正な山容の高田大岳も見える。雪渓も各所に残り、夏スキーを楽しむ人の姿も見えた。小屋に戻って酸カ湯にむかって下り、毛無岱を経て3時40分温泉に着いた。広々とした千人風呂で汗を流した。

大岳からの下りでは晴れ間も多くなり、大岳、井戸岳、赤倉岳のオオシラビソ、ハイマツに覆われた山容が、青空を背景に並ぶ。これも素晴らしいが、毛無岱の大湿原は想像以上の素晴らしい景観であった。黄色い小さく尖った花が茎の上下にびっしり付いているキンコウカが湿原を埋めつくしている。花の湿原を前景に三山が背後にそびえる景観は目を奪い、心を洗われる。

翌日は時折曇るが晴れの天候で、高田大岳（１５５２ｍ）を酸カ湯から往復する。当初は山頂から谷地温泉の方に降りる予定であったが、もともと悪路でさらに雨で一層悪くなっていると聞いて変更した。

7時20分に酸カ湯を出発し二等辺三角形の形も端正な魅力的な山容の高田大岳に向かう。ブナ、ダケカンバ、オトシラビソと混在しつつも、段階的に森林帯が変化する登路を辿り、仙人岱に8時50分に着き、八甲田清水で冷たい水を補給した。女の先生が小学校6年の生徒（男2名、女1名）を連れて、八甲田大岳から田茂萢方面へ登山中で、しばし雑談し分岐で別れて、私は高田大岳へと続く小岳へ向かった。小岳から鞍部に降り、高田大岳へ登る。頭を覆い尽くす様なチシマササの茂る中をかき分けつつ登る。手ごわい登路であった。やっとの思いで森林限界を抜け、山頂に10時40分に着いた。人の姿はない。汗びっしょりの衣類を脱いで陽光で乾かす。アキアカネの大群が群舞する。展望は雄大で、それを満喫しつつ早めのおむすびの昼食をとった。11時15分山頂を後にする。下りは比較的楽であったが、鞍部から小岳への登りが疲れもあってきつい。この登下山中誰一人とも行き交わなかった。仙人岱の水場で冷水をたっぷり飲んで喉の渇きを癒し、2時過ぎに酸カ湯に戻った。

大雪山旭岳を望む

（4）北海道　―　大雪山・東ヌプカウシヌプリ山

［大雪山］

「ふわく」に入会するまでは、北海道で山といえば、函館を訪れた際に大沼へ足を延ばして、駒ヶ岳（1131m）に登ったのが唯一の経験であった。札幌での学会の帰りに函館に立ち寄ったのは、学生時代からの友人の墓参のためであった。墓は津軽海峡を見下ろす丘の上にあった。駒ヶ岳は険しい崖になっている山頂部分が立ち入り禁止で、頂上は踏まずに滑り易い砂礫地を登下山した。見下ろす大沼は、清澄な水をたたえて光り、その景観は魅力的であった。

「ふわく」入会後間もなく、その公開山行に参加して利尻岳に登ったが、これについては前編第

1章の部分で触れた。北海道の山に対する憧れは強いものがあっても、名古屋からは遠いので、公開山行の計画に上がることは少ない。唐松・五竜への夏山山行で、そのリーダーであった鈴木さん、石さんと親しくなったが、毎年有志の自主山行で、北海道に出かけているという話を聞いて、一緒に参加させてもらえないかと願い出て了解を得た。出かけたのは2015年7月で、大雪山系の旭岳（2291m）と赤岳（2078m）の山頂を踏み、また然別湖近くの東ヌプカウシヌプリ（1252m）に登った。旭岳は北海道の最高峰である。

同月15日、参加者9人（男5人、女4人）で、中部空港から千歳空港に飛んだ。私以外は例年の自主山行組である。千歳でガイド役の郷さんが出迎えた。そこから車で旭岳温泉のホテルに入った。北海道の中央部を通ったのは、かつて子供が小中学生時代に札幌から阿寒湖、根室、摩周湖、網走、層雲峡と道東巡りをして以来であったが、外が見え易いようにという石さんの配慮で助手席に座って見た車窓からの眺めはさすがに広大で、また殆どの山が全山緑に覆われていて、人工物はなくすがすがしかった。

翌日8時半にロープウェイで姿見の池まで上り、15分後に登り始める。池には氷が浮かび、周囲には残雪も多い。このあたりはすでに森林限界を越えており樹林はないが、ハイマツの緑の茂みと池と残雪とが、黒い旭岳を背景に溶け合って目を和ませる。観光客の姿が目立つ。池の右側を通って登山道に出ると、左手にシャクナゲ、ショウジョウバカマといった幾種類かの高山植物、また右手にチングルマのお花畑が広がっていた。火山礫の登山道になり、幾筋もの白い噴煙をあげる地獄谷を左に見下ろしながら、植物の殆どない、ズルリと滑り易い登山路をひたすら辿る。登り始めてしばらくすると急坂になる。

我慢して足を運び8合目で一休みし、山頂に近くなったと思った頃、金庫岩という言葉を耳にする。右手にそれらしき岩が見える。しかしそれはニセ金庫岩で、本当の金庫岩は山頂手前の地獄谷側にあった。12時半過ぎ、旭岳山頂に着いた。山頂広場からは青空の下360度の大展望で、北には爆裂火口の裾合平の彼方に当麻岳、比布岳、北鎮岳などの表大雪の山々が連なり、東に白雲岳が見え、南東奥に遠くトムラウシ山の峨々とした岩峰が望める。山々は谷筋に残雪を残して、山景にアクセントを付けている。しばし山名を教えてもらいながら展望を楽しんで、昼食をとり、13時過ぎ、登ったコースを下山する。参加者のうち上野さんは黒岳まで縦走したかったといって残念がっていたが、私は十分に満足であった。16時に姿見の池に着いた。ロープウェイを降りた後は、車で層雲峡を通って高原温泉の一軒宿（大雪高原山荘）に入った。

大雪山赤岳頂上より白雲岳を望む

朝、ホテルの前を散策する。ヒグマの保護観察所が設けられていた。7時半、車で銀泉台に向かい、8時15分に登高を開始する。雲一つない好天であった。第一、第二花園とコマクサ平を通り、四ヵ所の雪渓を渡り（用意したアイゼンは不要であった）、12時半頃大きな溶岩が立ち並ぶ赤岳山頂に着いた。高いピークではなく山稜の一角で、山頂という印象は薄い。大きな溶岩の間から、北に黒岳、南に緑岳が見え、西になだらかな白雲岳が大きい。赤岳への登路はお花畑の連続で、コマクサ平は文字どおり砂礫地の全面にコマクサが淡いピンクの鮮やかな花を、可憐な姿で咲かせていた。樽前草は樽前山に多いのでこの名がついたらしいが、私は初見であった。見頃なのであろう、白に黄に紫に、花の色が輝くように鮮やかであった。16時頃銀泉台の駐車場に戻った。ここの湧き水が冷たくておいしい。繰り返し飲んだ。銀泉台から、今度は然別湖畔のホテルに入った。然別湖はかつての道東巡りの家族旅行の途中に立ち寄って以来である。

コマクサ平のコマクサ

翌朝8時15分に薄曇りの中を、東ヌプカウシヌプリ山に登高を始める。標高はさほどではないが、やはり山は山で、かなりきつい登りもある。約1時間半かけて山頂に着く。登路にはシャクナゲが多かった。頂上からは、天候のせいでくっきりとはしないが、広大な十勝平野が眼下に広がる。計画的に開発されたのであろう、平野はきちんと区画されている。眺望を楽しんで、11時前に登山口に下山した。

登山口から車に乗り、途中で昼食をとって千歳空港に向かう。14時半に空港に着き、ラウンジでビールを飲みながら北海道新聞を広げると、青木昌彦の死去のニュースが報じられていた。山行を楽しんだ最後の最後に、学生時代からの知友の悲しいニュースに気持ちも沈んだ。彼はスタンフォード大学、京都大学の教授を歴任し、ノーベル経済学賞の日本での最初の受賞者になる可能性が最も高いと取り沙汰された人物である。彼の自伝的著書『私の履歴書――人生越境ゲーム』（日本経済新聞社）の出版と、彼が国際経済学会連合の会長（世界全体の経済学関係学会の長）への就任を祝賀する会（２００８年）で、若干の立ち話をしたのが最後となった。学生時代に青木は大阪の私の下宿に泊まったことがある。逆に私も東京の青木の下宿に一夜お世話になった。学生時代に生れた人間関係の親密な感情は、時を経ても簡単に変わるものではない。往時を思い返しながら空路を帰名した。

第4章　海外山行選

大学退職前にも、海外の山に出かけたことはあった。スイスが一番初めで、スイスにはその後さらに2回出かけている。それ以外ではカナダとニュージーランドである。退職して時間に余裕ができ、退職金を費用にあてて、海外への山行が恒例化した。平均年二回といったところである。これらの海外山行については、すでに別の項目で触れたものもある。ここでは、それ以外の海外山行から、地域的要因も加味しながら、印象に強く残るいくつかを記しておきたい。

（1）ヨーロッパ

a　スイス・アルプス・ハイキング

1994年6月末、イギリス、フランスを回り、スイスに着いた。スイス滞在中は20日あまりを、グリンデルワルト、ラウターブルンネン、ツェルマットを拠点にアルプスのハイキングにあてた。最初の海外山行であった。その後一回は長男一家とグリンデルワルトを中心に、もう一回は夫婦でサンモリッツを中心にアルプスを歩いた。

アイガー北壁を背後に長男信裕と孫の大樹
（クライネ・シャイデックにて）

愛知大学には、欧米でいうサバティカルの制度に似たものがある。相当の勤続年数を経た後、内外の留学という形で（実際の留学の場合も名目的な留学の場合もある）半年なり1年なりの授業を免除されて、その間を研修にあてることのできる制度である。勿論大学の承認がいる。欧米のサバティカルは勤務からの解放が承認を要しない権利である点や、その期間を何にあてるかが自由である点などで、愛知大学の制度とは違うが、近似的ではある。私は１９９４年には勤続25年になり、認められて1年の研修期間を得た。ただし演習だけは、1年分を半年でやったので、完全に自由になる期間は半年であった。その期間内で、私は担当科目「経済学史」で最も中心的に取り上げるアダム・スミスの生涯の足跡を、現地で辿ってみることにした。いわばアダム・スミス紀行である。エディンバラの対岸にある小さな町カーコールディの生家跡から学生時代を過ごしたグラスゴー大学（後に教授になる）やオックスフォード大学、さらには生涯を閉じたエディンバラの埋葬された墓地にいたるスミスの生涯を辿るこの紀行で撮った写真を、講義の際にプロジェクターで拡大して見せて、学生にスミスにより近しい気持ちをもってもらうというのがその意図であった。スコットランドとイングランド、フランスと辿り、最後がスイスのジュネーブであった。フランスとスイスは、スミスが大学教授をやめ、スコットランドの若い貴族の家庭教師として当時「グランドツアー」と呼ばれた修学の旅に付き添って出かけた所である。ジュネーブでスミス紀行は終わりであったが、私も同道した妻君もアルプスは憧れの山々であったから、折角のこの機会を活用することにした。

ジュネーブから最初のハイキングの基地としたグリンデルワルトに列車で向かった。その途中のローザンヌで列車の大事故があり、手前の駅で降ろされて地下鉄などで遠回りしてローザンヌに着き、そこから地方線の普通列車に乗り、次いで急行に乗りつぐ羽目になった。これは余儀ない回り道であったが、その前の渡仏のためにロンドンからドーバーに向かう際には、同じドーバー行きだが幹線と地方線の列車を乗り違え、すっかり遅くなってホテルに着くことになった。これは私たちのミスである。車中隣席の若者たちからミスを指摘された。しかしこうしたハプニングが今では懐かしい思い出になっている。

グリンデルワルトで9泊10日、ラウターブルンネンで6泊7日、ツェルマットで3泊4日を過ごし、移動の日や観光の日を除く殆ど毎日を、雪を纏って高々と連なる岩峰を眺めながらその山腹を歩いて過ごした。宿はいずれも個人経営のホテルで、グリンデルワルトは伝統的なシャレー造りであった。スイスではそれこそ無数といっていいくらいのハイキング、トレッキングのコースが設けられていて、自分たちでコースを選んだりホテルの人の勧めに従ったりしながら、山歩きを楽しんだ。それらの中から幾つかの山歩きを簡単に記しておく。

グリンデルワルトでは、７月１日、ホテルの前の風情ある村の教会前から、グローセ・シャイデックまでバスに乗り、９時からフィルスト（２１７１ｍ）に向けて歩き始めた。コースの両側は満開のお花畑、山々の眺望も素晴らしい。アイガー（３９７０ｍ）の山稜がまるで石器時代の石刀のように切れ落ちている。次第にシュレックホルン（４０７８ｍ）が雄大な姿を現し、平坦で心地よいコースである。放牧され始めた牛の群れのカウベルの音が響く。最後は少し登って、11時にフィルストの展望台に着いた。ここでのんびりと遊んで昼食をとり、ボルトまで歩いて下り、高速ゴンドラで村に戻った。翌２日は前日とは逆にゴンドラでフィルストまで登り、９時からファウルホルン（２６８１ｍ）へ向けて歩き始める。標高差５００ｍ強の登りである。途中で立ち寄ったバッハアルプゼーの二つの湖が美しい。そこからの登りが少々きつい。雪渓を幾つも越えた。シュレックホルンの眺めがいよいよ雄大である。フィンスターアールホルン（４２７３ｍ）の鋭い姿が飛び込んでくる。ユングフラウ（４１５８ｍ）もメンヒ（４１０５ｍ）も姿を現す。山頂には11時半に着いて、大展望のテラスでビールを飲んで昼食をとった。頂上に立つと北側の展望が開け、遠くにトゥーン湖が望め、近くにブリエンツ湖のトルコブルーの綺麗な湖面が見えた。13時に山頂を後にし、ブスアルプのバス停まで放牧地の中を牛糞に注意しながら下山した。

ユングフラウと登山電車

　これ以外では、到着翌日の6月30日に、登山電車でユングフラウヨッホに登って展望を楽しんだ後、途中駅のアイガーグレッチャーで下車してクライネ・シャイデックまで氷河沿いを歩いた。満開のお花畑に妻君が声をあげる。また7月4日はメンリッヘンの山頂（２２８９ｍ）からクライネ・シャイデックを経てアルプグレンまで歩いた。途中のアイガーを望む地点に、アルプスを愛した小説家の新田次郎の記念碑が建っていた。6日はプフィングスティグまでロープウェイで登って、ステールエッグまで岩壁を伝って2時間のコースを往復し、さらに氷河をくり抜いた青みがかって神秘的なアイスグロッテに立ち寄った。ベルンの市内観光、トゥーン湖のクルージング以外は毎日が山歩きであった。

　ラウターブルンネンのホテルからは、7月10日にポストバスでロープウェイ乗り場まで行き、ロープウェイを乗りついでシルトホルン（２９７０ｍ）に登った。好天に恵まれて３６０度の大展望。アイガー、メンヒ、ユングフラウの三山をはじめ、残雪なお多い高峰が南に西に展開する。東には登ったばかりのメンリッヘンやファウルホルンも見える。頂上北端の岩場まで歩いて展望を楽しみ、戻って回転レストランで昼食をとる。ミューレンに下って、そこからラウターブルンネンの深い谷を眼下に、右前方に三山を絶えず眺めながら、グルッチュアルプまで、牧場、林間の心地よいコースを感激しつつ歩いた。わが生涯のハイライトかと思ったことは先に記した。

次の11日は、ホテルの女主人に勧められたオーバーホルン湖（２０００m）まで行くことにする。谷の奥までポストバスで行き、８時半に歩き始めて12時に湖に着いた。途中のレストランで昼食用にリンゴジュースとサンドウィッチを買う。湖は青白色で、手を入れると数秒でしびれる程冷たい。しかし短時間だがここで泳ぐ親子もいる。冷たさに強いことに驚いた。湖はユングフラウやブライトホルン（３７８２m）の山容を映して美しい。休憩して昼食をとり、13時15分に帰路につき、途中から登りとは別コースを歩き、16時過ぎにバス停に着いた。高低差１１００mの往復で、この時のアルプス・ハイキングで最も歩きごたえがあった。シーズンなのに歩く人の姿は断続的で、静かなコースであった。この他では、９日にラウターブルンネンの谷歩きをし、岩の中を轟音を轟かせて落ちるトリューメンバッハの滝を眺め、13日にはロープウェイでズルワルトまで登り、妻君の希望の展望地に歩く途中で一軒家の農家に立ち寄り、チーズ作りの様子を眺めたのも興味深かった。その後、北に展望が開けるズルスゼーまで登り、戻って立ち寄ったヒュッテで国際結婚（夫人が日本人）した親子４人の家族と食事に同席し、雑談を交わしたのも楽しかった。シュトウットガルトに住み、結婚後16年になるという。下山のコースはゴミ一つなく清掃してあった。

ツェルマットでは、到着翌日の15日に登山列車でゴルナーグラート（３１３１ｍ）へ行った。モンテ・ローザ（４６３４ｍ）、ブライトホルン（４１６５ｍ）、マッターホルン（４４７８ｍ）等を中心に、大展望が広がる。これまでよりも標高の高い岩峰が連なり、その点ではここの方が山の景観は雄大である。ただ谷は荒涼とした感じで、山肌も荒れ気味の上、アルプもお花畑も少ない。全体としてこれまでより華麗さに少し欠ける印象があった。ここから逆さマッターホルンが映るリッフェル湖で遊び、リッフェルベルグを経て、リッフェルアルプまで標高差８００ｍを下る。登山電車で町に戻り、町の散策をし、夕食後には著名なガイドなども眠る教会脇の墓地を訪ねた。私の56歳の誕生日である16日は、ケーブルでスネガに上がる。三つの湖を巡り、山腹を巻き谷を越えて、リッフェルアルプまで約2時間を歩く。湖上には山が映り心地よいハイキングであった。町に戻って昼食をとり、電気バスでリフト駅に行き、ロープウェイを乗りついでクライネ・マッターホルンの展望台（３８３３ｍ）に登った。ここからの山岳展望は息をのむばかりの雄大さである。西にはマッターホルンが間近に大きく聳え、その彼方にモンブランが見え、東には眼前にブライトホルンが大きい。メンヒやユングフラウも遠くに見える。眼前、眼下の氷河も迫力十分である。旅の最後を飾る大展望であった。翌日はチューリッヒに出て帰国の途についた。

夫婦でのサンモリッツを中心とした、楽しみ多かった山歩きを付け加えておきたい。２００６年8月18日チューリッヒ経由でサンモリッツに着き、ホテルに宿を取った後、近くのセガンティニ美術館に出かけた。彼はこの地エンガディンの山や農村、そこに生きる人を描き続け、アルプスの画家といわれる。妻君の好きな画家である。運命３部作といわれる晩年の傑作、「生」・「死」・「自然」は見る人を圧倒する大きさで展示されていた。翌19日から３日間がハイキングであった。初日はブレガリア渓谷を西に向かってソーリオまで歩くコースである。ポストバスをヴィコソプラーの村で降り、少し登って樹林帯に入る。牧場を過ぎると狭い山道になるが、渓谷のそばで軽い昼食をとる。このころより雨上がり景色も良くなる。谷の向かい側に針の様な突起をもつブレガリアの山々が見える。山道の両側のお花畑を眺め、小さな渓流をいくつも越える。コース終盤、視界が開け眼下にソーリオの小さな村が見えた。石葺きの屋根を持つ独特の景観であった。

ソーリオ村遠望

20日はポストバスでゴンドラ乗り場に行き、それを乗り継いでコルバッチヤ山（３４５１ｍ）の山頂直下まで上がる。ベルニナ連峰が白雪をかぶって雄大に見える。しばらくここから展望を楽しんで、中間駅まで降り、そこから中学生の集団と前後しながら歩き始める。ハングライダーも飛ぶ。途中から雨が降り始め、次第に本降りになり、雷鳴も聞こえ始めたので、スイス人夫妻と一緒に近くにあった岩穴に退避した。雷も峠を越えて、スイス人夫妻が出た少し後、なお本降りながら傘をさして下山した。21日は最も安定した天候で、朝のガスが上がると青空が広がる。イタリアの町ティラノ行の電車に乗り、途中この線で一番標高の高い駅、オスピッツオ・ベルニナで下車する。ここからラーゴ・ビアンコ湖を見ながら歩き、次いで樹林の中を歩く。右手にベルニナ連峰から流れだす雄大な氷河が幾筋も見えた。約2時間でアルプ・グリュムの駅に着いた。標高２０９１ｍの絶壁の上のレストランで昼食をとり、バリュ氷河の迫力ある眺めや深く落ちた谷間の奥に青く光るポズキアーヴォ湖の眺めを楽しんだ。

ハイジ物語の説明板

サンモリッツを後にしてスイス最古の町といわれるクールに出て、翌日の午前はこの歴史ある町を観光し、午後は近くの山と湖畔で過ごした。翌23日はヴァイスホーン（２６５３ｍ）からの

３６０度の、スイス南東部の山々の大展望と山腹のトレッキングを堪能した。標高差１２００ｍを登る登山電車のような電車でアローザに出て、ゴンドラで山頂へ着く。快晴で、３０００ｍ級の南東部の山々が周囲を取り囲んでいる様がよく眺められた。遠望するオーストリア・イタリア国境あたりは、荒々しい山容の山々が見える。展望を楽しんだ後、ゴンドラで中間駅まで降り、その周辺を昼食を合間に右に左に歩いた後下山した。

この山旅の最後は「ハイジの道」のハイキングであった。前日クールからマイエンフェルトに出て、翌24日8時過ぎホテルから歩き始める。ブドウ畑を抜け、ブナの樹林を通り、ハイジの泉からは坂道をハイジ博物館まで歩く。そこからハイジアルプへ登る。途中にハイジの物語の要所を記した独・英の説明板が十個所ほど立てられていた。ハイジアルプのヒュッテには日本人夫妻二組の姿があった。ここで昼食をとり、雨が断続的に降り始めた中を元の道を下った。その途中で牧場を横切ってハイジの作者が滞在していたというイエンニス村に向かった。この村とマイエンフェルトの間を歩く途中でハイジの作者は物語の着想をえたとされる。静かで小さな村である。バスで駅に出て、帰国のためチューリッヒに向かった。

b　アオスタ谷とグラン・パラディーソ・ハイキング（イタリア）

アオスタはイタリア北西部のバレダオスタ州の州都であるが、参加したこのツアーはアオスタ周辺のアルプス南面の谷々を名峰を眺めながら歩き、またアオスタから南下してイタリア内部では最も標高の高いグラン・パラディーソ（４０６１ｍ）を展望する山歩きであった。この山旅は、「アルパインツアー」が登山家岩崎元郎さんと協力して行っている「地球を遠足」シリーズの一環で、その49回目であった。きっかけは妻君がどうしてもアオスタに行きたいという強い希望があったからであるが、この山旅を機縁に私はこのシリーズにこの後六回参加し、ヨーロッパとアジアの山々を岩崎さんとともに歩いた。この遠足シリーズの一つ、２０１６年のベトナム最高峰のファンシーパン（３１４３ｍ）山行の際には、登りづらくて足を大きく持ち上げなければならない個所が多く、登頂前夜太股が攣った。翌朝には回復していたが、迷惑をかけることに用心して登頂せず、体調の優れない他の女性３人とともに早めに下山した。岩崎さんも太股がパンパンだったらしい。ツアーリーダーはこれ以前にマナスル西壁でも、またこれ以後パキスタンのカラコルムでもお世話になった山田勝さんと、いま１人が橋本香織さんであったが、下山に同行してもらったのは橋本さんで、中国に続く広大な森を遠望し、ゆっくりと会話を楽しみながら、途中に宿泊する小屋まで下った。橋本さんは私が参加したこのシリーズの２０１８年の、セザンヌが好んで描いたサント・ヴィクトワール登頂を中心とする南仏の山旅の時もツアーリーダーであった。三春に滝桜を訪ねた際に、福島に住む彼女に一度我が夫婦と夕食をともにしてもらった。この遠足シリーズは今年で１００回を超えたらしい。

２０１３年7月、フランクフルトを経由してミラノに飛び、専用車でアヤス谷のシャンポリックに11日の夜半近くに着いた。岩崎さん、ツアーリーダーの小山さやかさんを除く参加者は９人（男３人、女6人）で、私たちを含めて夫婦が三組であった。小山さんとはその後、２０１４年のコーカサス山脈、２０１7年のサハリン・カムチャツカの山行でもご一緒した。学生時代は山岳部で、専ら岩登りに励んだらしい。翌12日の午前は、山麓のハイキングコースを歩いた。牧草地が大きなお花畑になっていて、黄、白、紫、赤の花々が咲き乱れていた。見える山々は、グレッソネイ谷を挟んで東に連なる。左側にモンテ・ローザ山群の一部が少し顔をのぞかせていた。平坦なコースを少し登ったレストランで昼食をとる。付設の牛舎、チーズ製造所、チーズ保管倉庫を見学して帰宿した。一休みして、全員でリフト乗り場に行き、リフトで展望台に登る。モンテ・ローザの全容とその左にマッターホルンが見えた。

翌13日がこの山旅前半のハイライトともいうべき、二つの峠を越えてマッターホルン（４４７８ｍ）の麓までのハイキングである。「トル・デ・ジュアン」大会のコースの一部でもある。専用車でトルレナン小屋まで行き、９時にそこからスタート。やや急な坂を登ってナナ峠へ。ここで小休止し、一旦下ってフォンテーヌ峠に向かって登り返す。二つの峠を登る間に、何度も雪渓を横切った。12時に峠から下

チェルビーノ（マッターホルン）の山麓を歩く
左から２人目が岩崎元郎さん、右端の２人が我が夫婦

る。石の多い斜面を下りると平坦なコースになり、渓流とお花畑と針葉樹の森の眺めが気持ちいい。アルペンローゼの大群落は花が咲きかけであった。辿り着いたレストランでやや遅い昼食をとり、駐車場からチェルビニアのホテルに夕刻着く。途中ガスに隠れていたチェルビーノ（マッターホルンのイタリア名）がくっきりと大きな姿を現した。

14日はロープウェイでプラトー・ローザ展望台に登り、間近に大きなチェルビーノを眺める。展望台の中程にスイスとイタリアの国境があった。近くではスキー、スノーボードで滑り降りる若者や子供の姿が多い。中間駅まで下り、そこから発電用のダム湖であるゴイレット湖の周辺を回り、高台で昼食をとり、積雪の関係で予定のコースを断念して町に戻った。イタリア側から見るチェルビーノは、鋭い山容のスイス側からの眺めとは違ってどっしりと大きく見える。

15日は南下してコーニュへの移動の日。途中で湖面に逆さチェルビーノが映るラーゴ・ブルーに立ち寄って写真を撮った。その後は古城を訪ね、ハンニバルやナポレオンが軍勢を連れて越えたスイスとの国境の峠グラン・サン・ベルナルドへ行き、往古の歴史の一端を垣間見た。到着したコーニュのホテルでの夕食後、外に出て暮れゆく山々の景色を他の一組の御夫婦とのんびりと楽しんだ。移動の途中、車窓から眺める山と森と、それに囲まれて点在する集落の姿が美しい。訪れる度に感じることだが、ヨーロッパの農村風景は、どこに行っても魅力的だ。

モネー展望地よりグラン・パラディーソの谷を望む

翌16日はこの山旅後半のハイライト、グラン・パラディーソ展望のハイキングである。予報とは違って終日好天であった。バスでスタート地点まで行き、9時にバルノンティーの谷を渓流沿いに歩き始める。途中で左折して斜面をひたすら登る。高年になって急登では心臓が苦しくなる妻君が少し遅れ気味になる。標高２３４０ｍの地点から平坦になり、花々を眺めつつ歩き、沢を渡って13時に岩が階段状に積み重なっている展望地モネーに着く。無人小屋がある。腰を下ろして谷奥に広がる雄大な岩稜の山々の連なりを眺める。グラン・パラディーソは最奥に鎮座している。前年訪れたピレネーのゴルバニーの谷よりも規模雄大の感であった。圧巻である。

登るに従って谷奥が次第に拡がり、次々に新たな山々の姿が見えてくるのが面白かった。往路を戻り、ホテルでの夕食時に小山さんが私の誕生祝いといって大きなケーキを用意してくれていた。突然のことで驚いた。75歳になったという挨拶の後、皆で切り分けて食べた。翌日はアオスタの市内観光。ローマ時代の城門と城壁、円形劇場、凱旋門などを見物した後、リフトでピラの展望台に登り、昼食をとり、クールマイユールに向かい、17時過ぎにホテルに着いた。

最後のハイキングになる18日は朝から雨で、予定を変更して、もともとは下山地点であった所から歩き始め、ボナッティ小屋まで雨具をつけ傘を差して登った。この小屋は有名で、ツール・ド・モンブランの中継地点でもある。ここで昼食をとり、午後に短めのコースを下山する。雨は止むが、モンブランはもとより、その手前のグランド・ジョラスもガスに隠れたままであった。それらの前山的な岩山と氷河が時折姿を現す程度であった。翌日、ミラノ―フランクフルト経由で帰国した。最後は天候が悪くモンブランを遠望できず残念であったが、グラン・サン・ベルナルド峠やアオスタのローマ遺跡等の歴史の一コマを見る観光を含め、先ずは満足な山旅であった。

c　アイルランドを歩く

「西遊旅行」では、エヴェレストに女性で初めて登頂した登山家田部井淳子さんと協力して、各国の最高峰に登る企画を続けていて、２０１５年6月のアイルランドの最高峰カラントゥーヒル（１０４１m）を目指すツアーは、丁度その１００回目にあたっていた。私たち夫婦が田部井さんに同行するのは初めてであった。山もさることながら、夫婦ともにアイルランドそのものに一度訪ねてみたい気持ちが強かったので、参加することにした。妻君はアラン島への思いが強く、私は自分の講義「経済学史」の関係からであった。その科目で私が取り上げていた経済学・統計学の父といわれる17世紀のW・ペティは、アイルランドと深い関係を持っている。彼は１652年にクロムウェルの派遣軍の軍医としてアイルランドに渡り、武力で没収した土地をイングランド人に分配する事業を主宰し、新たな測量法を開発して、この面で成果をあげ、彼自身も地主となった。アイルラン

オコンネル像

ド人は奴隷に近い入札小作人になるか、拒めば西部の不毛の地に放逐された。過酷な支配は数世紀にも及び、独立したのは20世紀半ばに近い。それが今日にいたる反イングランド感情の歴史的原因となっている。司馬遼太郎は『街道をゆく』シリーズの一つ『アイルランド紀行』の中で、こうしたアイルランド人の根深い怨恨の事例を幾つも紹介している。ペティは帰国して社会科学の面で先端的な業績をあげるが、それを講義で解説する際にイングランドによるアイルランド支配への彼の強い関与は指摘せざるをえない。関連して反抗するアイルランド人が放逐された西部の様子は一度眼にしておきたかった。

6月22日、成田組と関空組がドバイで合流し、23日にダブリンに飛んだ。田部井夫妻とツアーリーダーの堤智顕さんを除くと、参加者は16人（男4人、女12人）。この田部井さん同行シリーズへの初参加は、私たち夫婦と他に1人で、大多数が顔見知りの常連であった。13時にダブリンに着き、ホテルに入った後、市内観光に出かけた。先ずトリニティ・カレッジへ。訪れたのは、古本が2階まで隙間なく積み上げられ、ブリティッシュ・ミュージアムの小型版といった感のある旧い図書館である。次いで紀元前から中世までの歴史的遺品を展示する考古学・歴史博物館を訪問した。閉館後に市の繁華街を散策したが、大通りには19世紀のアイルランド解放運動の指導者D・オコンネルの巨大な銅像が建っていた。

翌24日は専用車で西南部にあるキラニーに向かう。車窓からはなだらかな平原と低い丘陵に牧場が広がる。昼食を湖畔の古城ロス城でとり、ハイキングの出発点に行った。先ずトークの滝を見て、森を抜け、広大な芝生の敷地に建つ旧領主の邸宅マッククロスハウスへ。邸宅内の見物後、クロムウェル時代に破壊され、半壊した建物と墓の残る僧院跡を通った。これは清教徒クロムウェルのアイルランド支配がカソリックに対する宗教的支配でもあったことを物語っている。18時前、ホテルレイクに着く。3時間強のハイキングであった。

25日が、この山旅としてはメインの最高峰・カラントゥーヒルへの登頂の日である。車で新興住宅地の感のある広い敷地の瀟洒な住宅帯を通り、そこでガイドのジュリーさんを拾い、登山口に行く。残念ながらこの頃より雨模様になる。雨具をつけて登高を始めた。最初のコンクリート道はかなり急で、登りきったところで最高齢（80歳）の田島さんが登高を断念した。ジュリーさんが付き添い、送り届けた後に我々に追いついた。カール山（1000m）に向かう尾根上に出ると、雨に加え風が台風並みに強くなる。風雨激しい中をひたすら歩く。何度も倒されそうになる。カール山への最後の急斜面の岩影で、昼食に田部井さん提供のおこわのアルファ米を慌ただしくとった。この昼食でもそうだが、田部井さんは気さくで気遣いの人であった。ともかくこのカール山の山頂まではという事で、吹き飛ばされそうになりながら、石のゴロゴロする登山道を辿り山頂に着いた。妻君は何度も転んだという。一度は私に倒れかかり一緒に転んだ。風雨の中で集合写真を撮り、カラントゥーヒルへは僅かな距離だが、途中に狭い尾根道があり危険だというガイドの判断でここから引き返すことになった。下山も尾根上ではなお強風で、必死に身体を支えながら歩き、尾根を下って16時ころ登山口に着いた。皮肉にもここでは青空が広がっていた。

26日は9時にホテルを出て、茅葺きの家が立ち並ぶかわいいアデレの村を散策し、モハーの断崖に向かう。岬で昼食をとり、波打ち寄せては砕ける断崖沿いの4キロの道を歩く。好天で展望もよい。その後バレン高原に行く。広大な石灰岩の高原に、ドルメンと称される紀元前3000年の墓石と推定される構造物が建っていた。バスから最初に眺めた時は巨大な採石場かと思った。地面に敷きつめられたように並ぶ石は、抽象画の模様のように見えた。この地方が不毛な地であることの象徴のように感じられた。ゴールウェイのホテルには18時半に着いた。

アラン諸島・イニシュモア島海岸とドン・エンガス遺跡遠望

翌27日はアラン諸島のイニシュモア島でのハイキングであった。ロッサヴィール港からゴールウェイ湾の鼻先にあるこの島へフェリーで渡った。港に早めに着いたので、私を含め数人が近くの丘に登った。一人で下山中にブッシュの中に倒れ、イバラで腕を傷つけた。集合時間を勘違いしていたこともあって待たせてしまい、責任者の堤さんをはじめ皆に心配をかける結果となった。島では雨になり、雨具をつけてのハイキングとなる。岩盤の原を歩き、途中で昼食をとって、先史時代の遺跡ドン・エンガスに行く。宗教施設なのか、円形に石垣で囲まれた中に、崖沿いに祭壇らしきものがある。その高い崖から腹這いになっておそるおそる顔を出し、打ち寄せる波頭を眺めた。アラン諸島は岩盤だけで、もともと土はなかったらしい。海藻類をとってきて、辛うじて土らしきものをつくり、苦労して農地として整地したようであるが、それも歩いてきた原の様子に限っていえば、いまや放棄地の感がした。この崖沿いの施設以外に妻君お気に入りのアラン模様の材料の店を訪ね、山羊のチーズをつくる農家も訪ねたが、漁業とともにこれらがアランの生活を支えているのかと思った。ともかく極めて厳しい自然状況の島である。それが虚飾を剥ぎ取った質朴な生活の源になっていると評価するむきも少なくない。

アラン島から帰った翌28日は、専用車でダブリンの南のグレンダーロッホへ行き、森と湖の中をハイキングした。この日は大体晴れ。ダブリン近くになると、牧草地と牧場だけでなく、野菜畑と小麦畑も見えるようになる。スーツケースをホテルに置いて、越えてきた峠に戻り、昼食をとってハイキングを開始する。ガイドの勧めで予定を変え、小川沿いを下り、途中で森に入り木立の中を歩いた。森を下ってアッパーレイクで一休みし、ついでローアーレイクに向かう。人出も多く、ダブリンなどからの行楽地のようであった。なかなか楽しい快適なコースで、最後に遺跡の残る初期キリスト教会跡と墓地を経てホテルに戻った。翌日はダブリンから空路で帰国した。

夕食時、田部井さんから、わが国の三大桜の一つ、郷里の福島県三春の滝桜の観桜の旅を勧められ、

２０１７年４月に「西遊旅行」のツアーで訪れた。ツアーリーダーは先の堤さんであった。残念ながら花は散っていて、代わりに田部井夫妻が周辺の湖畔や川沿いの桜の名所を案内してくれた。次の年に再挑戦して、今度は満開の桜を感嘆しつつ満喫できたが、田部井さんの死去後のことであった。三春の町では田部井さんの遺品展が開かれていた。

d　リシィ山登頂（ポーランド）

２０１６年８月のポーランドへのこの「アルパインツアー」の山行も、岩崎さんと行く「地球を遠足」シリーズの一環で、76回目であった。参加者は岩崎さんとツアーリーダーの寺井信行、白旗美紀さんを除いて、19人（男7人、女12人）と多数であった。私が参加したのは、アイルランドと同様に、山もさることながら、現代史の舞台としてのポーランドそのものへの関心も強かったからであった。アウシュビッツにおけるホロコースト、ワルシャワにおける反ナチ蜂起、グダニスクを皮切りとする連帯の運動等々は、早い時期から私の関心を刺激してきた。これら現代史の諸問題を独自の視点から映像化して伝えるアンゼイ・ワイダの映画は、大抵観ていた。共産党支配の旧体制を批判して主導権を握った連帯の政権は、その後の内部分裂もあって崩壊したが、今回のツアーはそれ以降の昨今の状況を垣間見たいという意味もあった。

成田で前泊した翌22日の朝のニュースは、台風接近で羽田発の便は殆ど欠航という。成田はどうかと思いつつ、とりあえず空港に行くと飛ぶという。30分遅れで10時45分に飛び立つが、進路が先ずは台風に向かって南下し、次いで北上するという経路で、関東圏を抜けるあたりまでは機体が上下左右に激しく揺れて、悲鳴に近い声が一斉に何度もあがる。高度を上げ北上する中に揺れは収まった。14時半にワルシャワに着き、ホテルに入り、すぐポーランド最後の国王の私邸跡であるワゼェンキ公園へ行く。大きなショパン像があり、その前ではコンサートが定期的に開かれるという。石のベンチはボタンを押せばショパンの音楽が流れる仕組みになっていた。ナチに破壊された町並みが、忠実に復元されたことは知っていたが、このショパン像も同様という。ワルシャワ大学の日本語学科を卒業し、29歳という女性のガイドがヤン3世国王の像の前で、オスマン帝国がウィーンを包囲した時、この国王の軍が包囲網を破ってヨーロッパを救ったのだと説明し、少々自慢げであった。

翌23日は市内観光をした後、高速列車で古都クラクフに向かった。市内観光では独軍に破壊され、戦後旧状に復元したメインストリートと旧市街とを歩く。途中、政治的弾圧でパリに客死したショパンの心臓を柱に埋め込んだ聖十字架教会や、12歳以下の戦没者を埋葬した墓地等に立ち寄った。ガイドは前日と同じ女性で、諸作品をあげつつワイダの話をすると、優れた監督だとは思うが所詮は民主主義時代になじめない旧体制時代の人だと彼女はいう。また連帯を率い旧体制を倒して首相にもなったワレサについては、旧体制のスパイだったかもしれないとにべもない。時代の変化を痛感する。市街には、ワイダが「地下水道」で描いた反独蜂起に立ち上がった人々のパネル写真が数多く立てられていた。蜂起が1日に始まった8月がワルシャワ蜂起の記念の月のようだ。中央駅からクラクフまで高速列車ペンドリーノに乗って南下する。車窓からは果てしなく続く平坦な平野に森と集落と牧草地が広がる。森の樹種は、前年に訪れたフィンランドと同様シラカバ、アカマツが多い。クラクフに着いて、すぐバスで山岳リゾートのザコパネに向かうと、ようやく山の姿が見えた。

翌24日はホテルからミニバンに分乗してクズニツェに行き、ロープウェイでカスプロヴィ・ヴィエルフ展望台（1987m）まで登る。そこからポーランドとスロバキアの国境となっている稜線を歩く。翌日のリシィ登山のための足慣らしである。当初は風が強くて寒く、展望もなかったが次第に晴れてきて、スロバキア側の美しい谷が見えてくる。さらにポーランド側を含めて広く山々が姿を現してきて、気持ちのいい稜線歩きになった。コンドラカ・コパ（2005m）の手前で昼食をとって山頂に立ち、一休みしてクズニツェに下山した。稜線も下山路も石畳で、土とは違い弾力がないためであろうか、下山時に足の筋肉が痛み、また右膝も痛くなる。ほうほうの体で駐車場まで辿り着いた。そこからミニバンに分乗して、リシィ山のスロバキア側の山麓にあるポプラドスケ湖畔のロッジに着いた。ここからの方がポーランド側からよりも登りやすいらしい。夜、寺井さんに膝の手当て（テーピング）をしてもらった。

25日がこの山旅の目玉であるリシィ山（２４９９ｍ）への登頂である。快晴であった。湖畔沿いを歩いて登山路に入るが、前日の影響が残り、またこの日も石畳の道で足にこたえる。樹林帯を抜けると、前面に涸沢槍のような尖った山が見え、左手には前穂高岳のような岩山が並んでいる。何かミニ涸沢といった印象であった。蛙湖という山上湖を横目に通り過ぎると、それから上が足場の悪い鎖場で、鎖場から上は小屋までガレ場の連続であった。小屋に着き、その横手で昼食をとったが、登るうち次第に右膝の具合が悪くなり、踏ん張りがききにくくなって、昼食時に再び寺井さんにより強くテーピングをしてもらった。それでもふらつき気味になる私を見かねて、寺井さんが私のザックを背負ってくれた。小屋から先もガレ場の急登であったが直ぐに鞍部に着く。タトラ山脈が左右に延びていた。左手間近かにリシィ山頂が見え、右手のスロバキア側にタトラ山脈の最高峰を含む鋭い岩峰が重なって連なっている。リシィ山頂に着くと、若者が狭い山頂に鈴なりのように群がっていて、写真を撮るのもやっとであった。ポーランド最高峰とあって人気の

タトラ山脈遠望

山なのであろう。下山は再びザックを背負ったが、やはり何度か転びそうになる。途中の小屋に戻ったところで、寺井さんの指示でサブのガイドにザックを持ってもらい2人で先に下りることになった。鎖場は慎重に下る。途中の雑談でワイダに触れると、名前は知っているが、ポーランドの文化面では何といってもショパンだという。一休みしている所で後発組と合流し、ここから再びザックを背負った。後発組も二手に分かれ、岩崎さんを含む5〜6人が最後であった。6時半、ロッジに着いた。膝を痛めた私には鎖場から山頂までの登下山が予想以上にきつく、登頂できたのは幸いであったが、寺井さんには大変お世話をかけた。

鈴なりのリシィ山頂上

翌26日も快晴。この日は午前がフリータイムで、私はザコパネの市内散策に出かけた。午後はクラクフに向かい17時過ぎにホテルに着き、ここでもホテル周辺の川沿いの道を1人散策する。クルージングの船が多数行き交う。竜のような像が口から火を吹くがそれに子供たちが群れている。夕食後に希望者でショパンのピアノ演奏会に行き、十一曲を聞く。日によっては日本人音楽家も演奏するようだった。27日も快晴で、午前はクラクフの旧市街を見物。ここは旧首都で、日本でいえば京都に当たる。ヴァヴェル城を見た後、中央広場、聖マリア教会、繊維会館等々を中心に市街を散策した。午後はアウシュビッツ、ビルケナウの強制収容所跡を訪ねた。多くの人が訪れていた。ARBEIT　MACHT　FREI（働けば自由になれる）という欺瞞の言葉が掲げられた門から入り、ポーランド軍の施設を利用した収容所内部を見て回る。人間がこれほど残酷になれるのかと思う。極端な人種的偏見、優生学的思想が、ファナティックな宗教的信念や政治的信条と結びついた結果であるとしても、また特定の歴史的条件を背景にしてのことであったとしても、人間の中にこれを許すものが内在していることに慄然とする思いであった。規模こそ違え、日中戦争時の南京大虐殺や関東大地震時の朝鮮人の大量殺戮を思えば他人事ではない。ここより3キロほど離れたビルケナウの方が規模も大きく建物もバラック状であるだけでなく、貨物列車で運び込まれて直ちに殺戮された場合も多かったようで、まさしく「絶滅収容所」の印象がより強かった。28日はクラクフからワルシャワに飛び、帰国した。山頂に立ち、かつ現代史を垣間見る貴重な旅であった。

（2）その他

a　コーカサス山脈ハイキング（グルジア）

グルジア（今は英語風にジョージアと表記することになったが、ここではこの山旅当時の呼称にする）

は、南はトルコに北はロシアに接し、ヨーロッパに分類されたりされなかったりするが、ここでは後者をとる。コーカサス山脈は、北にロシアと接する部分に、西は黒海から東はカスピ海まで、多くの高峰を擁して連なっている。最高峰はロシア領のエリブルース山（５６４２ｍ）である。上記のハイキングはコーカサスの核心部の仙境といわれる世界遺産の上スワネチ地方の山腹歩きで、岩崎さんの「地球を遠足」シリーズの一つであった。参加者は男６名、女７名の計13名、ツアーリーダーは先述のアオスタ谷ハイキングの時にご一緒したアルパインツアーの小山さんであった。

２０１４年７月１日にドーハで関西空港組と成田空港組が合流し、グルジアの首都トビリシに飛んだ。空港にはブルガリア山行後の出迎えの岩崎さんの姿があった。着後は市内観光で、翌日そこからグルジア第二の都市クタイシで一泊し（宿は中国から進出した林業関係企業の宿舎で、食事が中華風グルジア料理といった感じで我々の舌に合わず夕食も朝食も殆どの人が残していた）、上スワネチ地方の中心メスティア村まで途中に観光を交えながら車で移動した。この移動中にハプニングが二つあった。一つは車が途中でエンストし、代わりの車が来るまで近くの民家に頼んで、その庭のブドウ棚の下で、２～３時間紅茶、ワインその他のお世話になったことである。二つは移動中エングリ渓谷に入った所で車が穴に車輪をとられて大きくバウンドし、私と同室の石井さんが腰を痛めたことである。このツアー常連の岡田さんが手当てをし、多少痛みが治まるまで車は停車した。ハイキングはホテル到着翌日からの７月４～５日の両日であった。

初日の日程はかなりタイトであった。四輪駆動車で7時に宿を出る。ただ腰を痛めた石井さんは宿に残った。快晴の天候であった。ハイキングの予定地ウグリ峠に登るにつれ、コーカサス随一の怪峰といわれるいかついウシュバ峰（4719m）がくっきりと見えてくる。世界百名山の一つという。ウグリ峠を越えた2000m地点あたりからハイキングに入った。8時であった。遠くのウシュバの東手前に、テトヌルドなど4000m級の高峰が連なっている。見事である。丘の上まで登ってこの展望を楽しんだ。途中の斜面はお花畑で、花々は多彩であった。10時半車に戻って、ウシュグリ村に向かった。この午前のハイキングの山頂展望は天候に恵まれ、お花畑はピレネー以上に感じられたが、しかしそこに行く途中は砂塵の中であった。観光開発のためのスキー場・リフト作りで砂塵を巻き上げてダンプが行き交い、また道路は穴ぼこだらけで、車は始終、前後・左右・上下に揺られ続けた。

怪峰ウシュバ遠望

ウグリ峠付近のお花畑

ウシュグリ村は２２００ｍ地点の高所にある世界遺産の定住村である。トイレはネパールの山でも閉口したが、ここでも同様であった。村からグルジアの最高峰シハラ（５０６８ｍ）に向かってハイキングをする。途中高台にある「愛の塔」（石塔）で昼食をとった。山は残念ながら中腹以上は雲に隠れていたが、しかし豪華多彩なお花畑を見ながら、山から落ちる氷壁に向かって進むと、次第に雲が上がってきて、九つのピークからなるシハラの稜線の一部が見えてきた。途中代わる代わるにガイドが引く馬に乗って進んだりもした。馬上は初体験であった。時間の関係で、奥までは行かず引き返して一路ホテルに戻った。7時45分に着いた。

次の日も快晴。怪峰ウシュバを仰ぎ見るグリ谷の展望地までのハイキングである。石井さんは参加のつもりだったがツアーリーダーと相談の上断念した。また昨日車酔いした山本さんも不参加であった。マゼリの村（1600m）で、車を捨て9時半歩き始める。村を抜け、なだらかな道を川沿いに展望地に向かう。少し登った後の廃村と教会のある地点で、さらに4名（男1名、女3名）が登るのを断念した。ここからがかなりの登りであった。展望の丘の少し手前で、ウシュバの巨大な岩峰を谷を挟んで目の前にして昼食をとった（12時半）。ウシュバはグルジアのマッターホルンと呼ばれている。双耳峰だが、この地点からは部分的に重なって、その一方がはっきり分離しては見えない。着いた時には頂上まで見えていたが、次第に雲が湧いて上方は隠れた。丘に登ってもさほど展望に違いはないということで、ここから引き返すことになった。女性1人が遅れがちになり、結局マゼリに戻ったのは3時過ぎで、4時半ホテルに着いた。前日のタイトな日程のハイキングが、往復の悪路もあってかなり体にこたえた人が多かった印象であった。

ハイキングの地、上スワネチ地方の村々の景観は独特である。各戸が高い石塔を備えている。大体3階位の高さである。ホテルのあるメスティア村もハイキングで訪ねたウシュグリ村もそうであった。聞けば、グルジアは東西・南北の交通の要衝で、紀元前から文化盛んのところだったが、その故に多数の外来民族が来攻し、戦禍に見舞われたという。石塔は攻撃を受けたときの一時的避難所で、上階に逃れて梯子を挙げて攻撃を避けたらしい。そうした歴史的経緯をもつ独特な景観故に、世界遺産に登録されることになったようだ。この国に人種の展覧会といわれるほど多数の民族が居住し、多様な文化が同居している様は、トビリシの市内観光でも市の中心地に宗派の違う各民族の教会が軒を連ねている景観を見たときにも感じた。民族紛争は今も深刻のようで、ロシアとの国境沿いの少数民族オセチア人が紛争の際、ロシアの援助でグルジア人を追い出し、「南オセチア共和国」を名乗ることとなるが、追い出された人々の難民キャンプが設けられている場所も車窓から眺められた。反ロシア感情は強いが、皮肉にも旧ソ連の独裁的指導者スターリンはこの地の出身である。

メスティア村風景

ハイキングを終えた翌日は一路トビリシへ向かう。午後8時半に着き、最後の夕食は、演技・演奏つきのレストランでとったが、石井さんは体調悪く不参加。私が帰宿しても具合悪そうなので、小山さんを呼んで相談し、現地の旅行社の社長と病院にいってもらった。その夜は帰宿せず、翌朝小山さんに聞くと圧迫骨折で入院し、後日帰国ということになったという。翌日はドーハ経由でそれぞれの出発地に帰った。

一つ付け加えておきたいことがある。ドーハからトビリシに向かう機上で隣り合った女性の話である。国際協力NGOに長く勤め東日本大震災の際陸前高田で支援活動に携わったが、仕事片手では十分なことができないと思っていたところ、グルジアのブドウ農園の経営の話が来て、その収益を東北の子供の教育に当てたいとして、退職金を利用して2年前から農園経営に携わっているという。今回はその経営を手伝う若い男性と一緒であった。翌年「朝日新聞」に彼女（本間真理子さん）の話が写真付きでかなり大きく取り上げられていた。そこではグルジアワインの独特の製法（ブドウの果汁、果肉、果皮、種などを粘土製のカメに入れ土の中に埋めて発酵させるクベブリ製法）も紹介されていたが、クタイシに向かう途中で立ち寄ったワイナリーで実際その製法を目にした。

本間さんだけではない。ドーハまで隣席だった女性はシリア難民の子供を預かる友人の手伝いにスイスのベルンに向かうところだという。国際的な支援のネットワークがあるらしい。後のことになるが、カラコルム山脈ハイキングの際、長谷川恒男夫人が夫が遭難死したフンザで小中学校を建てて運営に携わっていることを知った。また大阪の女性がフンザに入りボランティア活動を続け、山腹の家まで川から水を運ぶ女性の負担を軽くするため水を集落までくみ上げる設備を造ったことも知った。山に行く際に日本女性のこの様な活力ある活動を知るとすがすがしい気持ちになる。

b　タスマニア島・オーバーランド・トラック（オーストラリア）

オーストラリアでは、学長退職直後にケアンズとシドニーから、二つの国立公園のハイキングに出かけたが、この旅行は観光が中心であった。この国での山歩きといえるのは、タスマニア島のオーバーランド・トラック歩き以外にない。このトレイルは、タスマニア島の中央部の国立公園の森の中を、北からやや南東よりに延びている。総距離は65キロであるが、湖や滝を訪れ山頂に立つなどのオプションを加えれば、ゆう

トレイルからグレイドル山を望む

に80キロになる。「世界で最も美しい散歩道」と評されるニュージーランドのミルフォード・トラックに劣らぬ魅力的なトレイルである。ハイシーズン（10月1日～5月31日）は、北から南への一方通行で、ここに入ることのできる人数も現在1日60人に限定されている。そのうちガイド（2人）付きで歩くのは最大10人で、山小屋に山中5泊する。小屋のベッドもそれだけしか用意されていない。食事はガイドが用意してくれる。こうした制限は、自然環境に過度の負荷がかからないようにするための配慮である。個人トレッカーには、そのための小屋が八ヵ所設けられているようだ。もちろん自炊で、小屋が満員のときはテント泊になるので、テント持参が義務づけられているという。

２０１２年３月、「アルパインツアー」の企画に夫婦で参加して、このトラックを歩いた。ツアーリーダーを除いて参加者は８人で、男性は私を含めて２人であった。５日、香港―メルボルンを経由して、６日にタスマニア北部のロンセストンに着いた。ホテルでスーツケースを開けようとすると、キーがない。ツアーリーダーの西川茂樹さんに相談すると、ナイフで鍵を苦労して切って開けてくれて助かった。彼は大学時代から岩登りをやり、ヨセミテのハーフドームにも登ったという。かつて夫婦でヨセミテを訪れた際、あの大岩壁を見上げたことを思い出した。また彼は世界各地の山と秘境を訪ねていて、この方面の経験は豊富で博識である。年間３００日は海外だという。写真の技量も高く、ＮＨＫの世界の高峰を登攀する番組「グレートサミット」のカメラマンもやったらしい。トレッキング中は教わることも多かった。

７日、ガイド会社のオフィスでガイド（サムとトム）と合流し、専用車でワルドハイム小屋まで行き、そこからトレッキングをスタートする。なだらかな木道の湿原を歩いた後（途中で、夜行性というウォンバットの親子に出会う）、マリオンズ展望台に登る。そこそこの急登である。展望台からは、正面にタスマニアの盟主と呼ばれる横に鋭鋒を並べたグレイドルマウンテン、右手に上部が円筒状の特異な山容のバーンブラフ等の山々が、雲一つない青空の下にくっきりと屹立する大展望が広がる。眼下にはタブ湖、クレー湖が美しく澄んでいた。点在する池塘を眺め、正面にバーングラフを見て平坦なトレイルを歩き、途中の小川の側で昼食をとった後、左折してグレイドルマウンテンの山裾の森の中を歩いて小屋に着いた。アフリカで育つヒース科のバンダニをあちこちで見かけた。タスマニアがアフリカから分離したことを示す象徴という。夕食時にワインは飲み放題というのが、私には嬉しかった。

オッサ山頂上とツアーの一行

８日は小屋を出て、青空の下に木道を歩き、途中で右折してウイル湖まで往復する。テント泊の若者数人がシャワーを浴びる代わりにといって、澄みきった湖水に入っていった。

湖からはバーンブラフの山容が大きい。戻って木道を青々とした湖水のウィンダミア湖まで歩き、湖畔で昼食をとった。その後は広い湿原と縞枯れ状態の樹林を抜けて小屋に着いた。

翌9日は曇天で、時折霧雨状の雨粒が落ちる。小屋から湿原を抜け、苔むした大木も多い樹林帯を通った。昼食は横道に入って旧小屋跡でとり、食後に銅鉱の堀跡へ行く。ぬかるみで靴が泥だらけになり、川に降りて流れで洗った。ガイドはぬかるみを避けてトレイルの横手を歩くことを禁じる。靴は洗えばいいが、踏みつけ続けられれば植生は簡単には再生しないからだという。ここでも登山路が広がりがちなわが国に比べて厳しい自然保護の考えを垣間見る思いであった。途中で個人トレッカーのための素泊まりの新築の小屋に立ち寄る。木陰にうずくまるパディメロンとワラビーを見かけた。小屋から足を延ばして河原で化石を探した。トレッカーによって探し出された貝などの多くの化石が河原に並べてあった。ここが海底から隆起したことの証拠である。

4日目の10日、朝はガスがかかっていたが、日中は青空の快晴になる。滑滝を見た後に樹林帯を登り、峠のペリオン・ギャップへ向かった。広々とした展望の東には、ペリオン・ウエストの岩山が見える。ここに荷を下ろして、西の小高い丘に向かい、展望のいいマウント・ドリスで昼食をとる。食後、わが妻君だけはタスマニア島最高峰の急登のオッサ山（1617m）への登頂を止めて、ガイドのトムとともに一足先に小屋に向かった。心臓に少し自信がもてないようであった。妻君以外はこの山頂を目指す。岩石の重なる険しい登山コースを、両手で岩を掴みながら岩棚まで攀じ登る。この岩棚で帰路に向かう男女2人連れのうち女性が、下を見て怖いといって足がすくんで動かない。われわれの帰路に姿を見なかったから、何とか下りたのであろう。岩棚からさらに少し登ったところが、オッサ山の頂上で大展望が広がっていた。遠くにこれまで歩いてきたグレイドルマウンテン、バーンブラフ、オークレイの山々が見え、さらにこれから向かうドゥ・ケーンの連山が谷越しに見える。展望を楽しんでギャップに戻ると、置いた荷物を鳥につつかれて破かれた人もいた。夕刻小屋に着いた。小屋の東にキャシドラル山の巨大な岩山が聳えている。次第に夕陽に赤く染まる。食後には山越しに月が赤く昇り、南十字星も輝く。上空を眺めても私には見えないが、西川さんのカメラにはオーロラが写っていた。この日が今回のトレッキングのハイライトかと思う。

11日は曇天。最初にマーセイ川にかかる、上下二段に分かれて落ちるダールトン滝と、タスマニア最大という豪快なファーガスン滝を見る。さらに少し歩いて落瀑が枝分かれしたハートネット滝に行った。滝の写真の撮り方を西川さんに教えてもらったが、どうも今もって身につかない。ここの上部の流れの緩やかな所で、川と森に囲まれて昼食をとる。滝への往復はかなりの登り下りがあった。滝を後にして、樹齢2000年を超えるという巨大な幹回りのキングビリーパインの大木が林立する森を抜け、デュ・ケーン・ギャップを通って夕刻に小屋に着く。滝への往復以外は、起伏の緩やかなコースであった。女性の平野さんは、疲れが出たのであろう、滝には寄らずトムと一緒に小屋に先行した。確かにこの日も8時間歩いて、私も疲れを感じた。

トレッキング最後の12日は、快晴となる。この日は大木が目立つユーカリの林立する明るい森を抜け、遠くの岩山を横目に湿原の木道を歩き、パイン・バレーの吊り橋を渡って、オーストラリア最深の氷河湖セント・クレア湖の北端、ナルシサスベイの小屋に昼過ぎに着く。わずかに登り下りを繰り返す平坦なトレイルであった。これでトレッキングは終了とあって、ガイドの2人は湖に飛び込んで仕事の終わりを楽しんでいた。昼食後、船に乗り、南岸のシンシアベイに行き、ここでトレッキング完歩の証書を受け取った。専用車でホバートに向かい、翌日市内観光をして空路、メルボルン—香港経由で帰国した。山と森と湖の織りなす長いコースを完歩した、楽しく充実したトレッキングであった。

インカ道よりヤクタパタ遺跡遠望

c　インカ道とマチュピチュ（ペルー）

インカ帝国は14世紀頃興り、15世紀に最盛期を迎え、版図はペルーを中心に日本の約3倍の面積を擁する大帝国になったが、16世紀にスペインとの戦いに破れて崩壊した。首都はクスコで、インカ道はここを中心に、一方は海岸沿いに、他方はアンデスの山沿いに設けられ、物資の運搬や情報の伝達の点で重要な役割を果たしていたようだ。総延長は４万キロあり、途中にはタンボと呼ばれる宿泊所が設けられ、３キロごとにチャスキと呼ばれる飛脚が常駐していたという。帝国崩壊後には廃道化していたが、その後再発見・再整備の試みが現在まで続けられている。

２０１２年11月、「西遊旅行」の「インカ道トレッキング」に参加した。参加者は高橋克ツアーリーダーを除くと６人（男３人、女３人）で、歩いたのはインカ道のごく一部、ピスカクチョからマチュピチュまでの約40キロのアンデス山腹の道である。ロサンゼルス経由で15日にペルーの首都リマに入り、翌日クスコ（３３５０ｍ）に飛んだ。海辺から一挙に３０００ｍを超える高所に行くのであるから、高山病の症状を呈する人もいるようで、高所順応のために翌日は周辺に残るインカの遺跡巡りであった。

18日、山岳ガイドとコック２人とともに専用車でスタート地点のピスカクチョに行き、ここでテント・食料を運ぶポーター11人と合流し、ウルバンバ川を渡ってその左岸を歩き始めた。林間の急登を登り、メスカイで昼食をとり、左折してクシクチャカ川沿いの急坂を登りきると、眼下にヤクタパタ遺跡が見下ろせた。山腹に綺麗な石積みの曲線を描いて段々畑が整備されている。その後はアップダウンを繰り返しながら夕刻にキャンプ地のワイジャバンバに着いた。好天だったが、夕食後に激しい雨になった。

２日目はこのトレイル最大の難所、ワルミワニュスカ峠（４２３４ｍ）を越える。前夜の雨は止んでいたが、昼に一時小雨が降った。スタート直後から林間の急登で、砂止めの石段や張り出した木の根の段差が大きく、厳しい登りが続く。そのうちかつてのインカ道らしい石畳の急登になった。昼食時、身体が白黒に二分されたリャマの姿を見かけた。森林限界を越えて木々の見えない道を、一歩一歩喘ぎつつゆっくり登っているうちに、「死せる女性の顔」という名をもつ峠が見えてきた。下から眺めると、たしかに女性が横たわっているようにも見える。峠に着いてしばらく休んで疲れを癒した。峠からは氷河が削ったU字谷の石畳、石段の急坂を下った。登りとは植生が違うようで、少し荒涼とした雰囲気に変わる。見渡せば、左右あちこちの岩山から滝が落ちている。登りと同様に下りも花々は多く、ことにランの種類が目立った。夕刻、パカイマヨのキャンプ地に到着したが、難所越えもあり、8時間半を要する今回では最も長いトレッキングであった。

眼下のマチュピチュ遺跡と私

３日目の20日も、このトレイルで二番目に高いルンクラカイ峠（３９７５ｍ）を越える。最初から急登である。しばらくするとルンクラカイ遺跡を眼下にした。この遺跡の名前は「半月」という意味らしいが、形状はその名の通りであった。ここには宿泊所（タンボ）があり、またチャスキの休憩所でもあったらしい。足を運んで見学した後は再び急登。峠手前のやや広い円形の広場で小休止している時に、ガイドのウィルバルさんが持参のケーナをとり出して演奏をサービスしてくれた。辿り着いた峠からの下りは急坂であったが、徐々に緩やかになり、狭い「インカ・トンネル」をくぐり、しばらく行くとサヤクマルカイ遺跡が見えはじめた。規模の大きな遺跡で、ザックを置いて見学に登った。他のトレッカーも多かった。高位の聖職者の住居などであったらしい。しばらく歩いて昼食をとり、その後2時間歩いて最終キャンプ地のプユパタマルカに着いた。この間これまでとは違った植生が目立ち、シダ類やコケ類が多くなり、竹林もあり、これまでとは違う花（ことにラン）も見られた。道中見えるはずの高峰サルカンタイ（６２７１ｍ）は雲に隠れていたが、着後に近くの高台に登ってみると、雲間にこの山が雪を纏って聳えていた。

　トレッキング最終日の21日は、ゴールであるマチュピチュを目指す。早朝、山が見えるというガイドの声で高台に皆で登ると、曇り空ながら右にサルカンタイをはじめ、ウーマンタイ、プーマシージョ、左にベロニカ、ウイロウ等のアンデスの高峰が白く見えた。大展望である。前年のヒマラヤのアンナプルナの展望が散々だった欲求不満が解消される思いであった。朝食後、仕事を終えたポーターと別れて、高度差１０００ｍを下る。直下のプユパタマルカ遺跡、インティパタ遺跡を辿り、昼食は売店のあるアイニアワ・キャンプ場であったが、ここでアルパカを初めて見た。飼われている様子であった。食後はウイニアワイニア遺跡を訪ねた。この遺跡は急傾斜地に規模の大きい見事な段々畑が並び、食料倉庫跡の保存状態もよかった。ゴールであるマチュピチュのインティプンク（太陽の門）の直前は急な登りの石の階段であったが、全員遅れることなく無事到着した。ここから写真ではお馴染みのワイナピチュの山をバックにした遺跡の全貌を眺め、観光は翌日に回して遺跡の中を下山した。

翌日にバスで遺跡に登り、ほぼ自由行動になったので、太陽を神とする神殿、祭壇、住居跡や段々畑などを午後まで見物した。険しい山上にこのように大規模で立派な石の施設がなぜ造られたのか、諸説あるようだが謎めいている。宿に戻り、夕刻に近くのプール状の温泉に入って疲れを癒した。クスコでもそうであったが、この遺跡でも、鉄器を持たないインカが大きな石をどのような手段で運び、どのような方法で石の角を削って隙間なく整然と積み上げることができたのか不思議であった。手段・方法が何であれ、ただその技量には感嘆のほかなかった。遺跡といいインカ道といい、往時のインカ帝国の勢威の一端を垣間見るトレッキングであった。

d　アシニボイン山ハイキング（カナダ）

言うまでもなく、カナディアン・ロッキーはアメリカ西部のロッキー山脈が北のカナダ領まで延びた山々である。最も標高の高い山は、北端に近いロブソン山で３９５４ｍであるから、ヒマラヤはもとより、アンデス、コーカサス、アルプスなどの高峰と比べると高さでは劣る。しかし山脈全体の規模は、それらと比肩できるほど大きい。北太平洋を渡りカルガリーまで飛んだ際、機上から眺めたカナディアン・ロッキーは息をのむほど雄大で、雪をかぶった峻厳な山々が美しかった。ジャスパーやバンフ等の国立公園、ロブソンやアシニボイン等の州立公園には、３０００ｍを超える高峰が立ち並び、数多くの美しい氷河が点在している。

私たち夫婦は二度ここを山旅で訪れている。一度目は１９９５年8月で、現地ガイドの両角さんを除くと、参加者は20代の若い女性２人とわが夫婦との４人だけであった。最初はバンクーバーからバンでジャスパーまで走り、そこのロッジに滞在し、近くのウィスラー山やエディスキャベル氷河などを訪ねてハイキングをした。次いで湖水や氷河を見ながら南下して、テンピークスを湖面に写すモレーン湖からラーチバレーまでのトレッキングに出かけた。最後は同行した若い女性２人連れとバンクーバーで別れて延泊し、夫婦だけで近郊の森林公園や渓谷を歩き、またビクトリア島を観光した。

二度目は２０１４年9月で、アシニボイン・ハイキングを中心とする「アルパインツアー」の企画に加わった。参加者はわれわれを含めて夫婦三組、全員で11人（男5人、女6人）であった。11日、娘家族のいるバンクーバーを訪れる高校同期の田平夫妻と成田空港で落ち合い、近況などを歓談した後、われわれは他の参加者とともにカルガリーまで飛び、空港で現地に住む今回のツアーリーダーの川島亮さんと合流した。空港からキャンモアのホテルに着くまでの車窓からは、すっかり雪化粧した風景が広がっていた。前日は吹雪いたという。予想外であった。町に着くと早速専門店でダウンの上着を買った。

翌12日はモレーン湖に行く。朝の気温は零下六度で、最高気温も四度にしかならないという。早速ダウンを着る。曇り空だが、展望台からは湖を前景にテンピークスの鋭鋒が、湖を取り囲むようにずらり並んでよく見えた。10時半前、ハイキングに出発。標高差５５０ｍを登る。ジグザグのコースを歩くうちに雪が舞いはじめ、目的地の手前の疎林で昼食をとるころにはかなり激しくなる。目的地のラーチバレーのミネスティマ湖は鏡のようで、周囲の山々をくっきりと映していた。背後の岩山には氷が張りついている。19年前にここをハイキングで訪れ、湖畔で昼食をとったことをやっと思い出した。滑らないように注意しながら下山したが、途中から見えたモレーン湖の湖面は濃い水色で美しかった。

13日はレイクルイーズまで車で行き、正面にビクトリア山を見ながら湖岸の右の道を歩き、湖の切れる終点から緩やかに傾斜するトレイルを登った。歩くうちに曇り空が快晴に変わり、一挙に展望が開ける。湖周辺のビクトリア、レフロイ、ミトン等の山々と幾つもの氷河が眼前に雄大な姿を現す。気温も上がって少し汗ばんだ。12時半、目的地の「ティ・ハウス」に着く。昼食をとり、小1時間山々をゆっくりと眺めてくつろいだ。リスがしきりに動き回る。下山途中で、リスがキノコを木の枝に干している様子を見た。ビタミンＤが増えることを経験的に知ってのことだという。ロッキーの森を車で抜ける道路には森に生きる動物が分断されないように、動物専用の歩道橋が設けられ、地下道もあった。日本では目にしたことがない。動物の生態系を壊さないための配慮である。下山後に湖畔の豪華な「シャトー・レイクルイーズ」の館内を見物した。山歩きの途中で、川島さんが「アルパインツアー」のツアーリーダーの女性と結婚したことを聞いて、話の様子からもしやと思って確かめると、案の定アンナプルナ行の際の島田順子さんであった。子供が生れたという。携帯の写真を見せてもらった。

モレーン湖とテンピークス

次の14日からが、この山旅の目玉ともいうべきアシニボイン山周辺のトレッキングである。宿泊するロッジは人気が高く、予約が大変と聞いた。そこまで歩くと数日を要するということで、ヘリコプターで飛んだ。機内から眺める森林は枯れた部分が広がっている。温暖化で害虫が冬を越せるようになった影響だという。ロッジで昼食後、山麓のメイゴック湖の右岸を歩いて、アシニボイン山の崖までお茶の時間をとりながら簡単なハイキングをした。山頂は最初は少し雲がかかっていたが次第に消えて、周辺の山よりひときわ高く（3618m）、底面から尖った山頂まで斜面が三角形にせり上がる均整のとれた山容がよく見えた。断層をなす岩の隙間に入り込んだ雪がアクセントになっている。

翌15日朝、湖越しのアシニボインがモルゲンロートで赤く輝いていた。その写真は引き伸ばして、マナスル西壁など他の写真と入れ替えながら時々わが家の居間を飾っている。９時半、ハイキングに出かけたが、空には一片の雲もなく晴れ渡っていた。最初にニブレットへ登る。眼下にはセルリアン湖とサンバースト湖、その湖越しにアシニボインが聳える。絵になる風景である。そこから更にナブレット（２５３０ｍ）に登る。雪まじりの石と石クズの登りにくい登路だが、着けばそこは雪原状の広場で３６０度の大展望である。間近にくっきりとした３０００ｍ級の山々が取り囲んでいる。ここで昼食をとり、展望を楽しんだ。風景の写真を撮り、それを背景に互いの写真を撮り合っての大休止である。12時半、そこから滑り易いコースを下った。分岐をエリザベス湖の方に向かい、少し湖畔で遊んで、ここからセルリアン、サンバースト湖沿いを歩いてロッジに戻った。湖水はいずれも清冽で、周りは森

朝焼けのアシニボイン山

に囲まれて静寂そのものである。数人の釣り人の姿を見かけた。

16日も雲一つない晴天。気温も高めであった。前日と同じく9時半がハイキングのスタートである。この日はワンダーパスまで登り、ビューポイントまで下った。ここからはアシニボインの東面が見える。南にマーブルピーク、北にタワーの山々。眼下にグロリア湖、マーブル湖が濃紺の湖面を見せていた。アシニボインは、ロッジから見た三角形の鋭角的な姿とは違い、山稜が横に長く延びていた。昼食をとり、13時、帰路へ。ワンダーパスに戻って、後はオフ・トレイルを歩いた。色づきはじめた草原や樹林を通り、流れを渡り、小さな湖水に出る。湖面は近くの山々を映していて、どことなくニュージーランドのマッキノン峠の光景と似ている。16時にロッジに着き、夕食後は前日と同様、同行の鈴木夫妻持参のウイスキーで「バー鈴木」の店開きであった。

最終日の17日は、午前に小ハイキングに出かけた。前日と同じコースを途中まで歩き、右折して小さな滝と草原に出て、皆で記念の集合写真を撮った。これで今回のハイキングは終了だが、大満足の山歩きであった。ロッジは四周雪を岩肌に付けた高峰に囲まれていて、眼前の盟主アシニボインを正面に、山々と湖水を眺めて飽きることはなかった。この魅惑的な光景を見れば、このロッジの人気の程も分かる。後はヘリで下山し、バンフに出て市内観光を楽しんだ。

おわりに

本書を書き上げて校正の際改めて読みかえすと、取り上げた山行は、単独行や、同僚との、または「山の会」での場合も少なくないとしても、半ばは夫婦同行の場合であることに気づく。その意味では、本書は私の山行記というだけではなく、夫婦の山行記という側面ももっている。

もともと私を山へ誘ったのは妻君であるが、彼女は早くから女性だけの山の会に属し、各地の山々を数多く経巡っている。私が山に行く時には、彼女が登高経験済みの場合が殆どで、事前に色々な山の情報を伝授してくれる。また山の道具にしても、ピッケルこそ借用したことはないが、ワカンやアイゼンなどは必要に応じて借用している。山については、彼女が私の教師役である。ただ歳を重ねて、歩く力や荷を背負う力はまだ極端に衰えた感じはしないが、急坂になると心臓があおるといって途中で何度も休むことが多くなった。一緒に足を止めていると、急かされる気分になるという。先行してしばらく待つということがしばしばである。緩やかな坂道や尾根道、下りにはむしろ私よりまだ強いので、急坂にとられる時間分だけゆとりをもった山行にすれば問題はない。難度の高い険しい山は論外としても、そうでなければ夫婦での山行を、今しばらくは楽しめるのではないかと期待をこめて願っている。

本書の出版に際して、白山書房の簑浦登美雄さんには誤記の訂正、算用数字と漢数字の表記、山の標高の確認、表現の適否など、多くの点で丁寧にチェックしていただいた。末尾にはなるがお礼を申し上げたい。

２０２０年2月　武田　信照

【著者紹介】

武田信照（たけだ・のぶてる）

1938年　長崎県佐世保市生れ
1969年　愛知大学法経学部講師
1999年　同大学学長・理事長
　　　　（日本私立大学連盟理事）
2010年　「ふわく山の会」入会

山に登る愉しみ、森を歩く歓び
——内外の山旅エッセイ

2023年5月31日発行　著　者　武田信照
発行者　向田翔一

発行所　株式会社 22 世紀アート
〒103-0007
東京都中央区日本橋浜町 3-23-1-5F
電話　03-5941-9774
Email: info@22art.net　ホームページ：www.22art.net

発売元　株式会社日興企画
〒104-0032
東京都中央区八丁堀 4-11-10 第 2SS ビル 6F
電話　03-6262-8127
Email: support@nikko-kikaku.com
ホームページ：https://nikko-kikaku.com/

印刷
製本　株式会社 PUBFUN

ISBN：978-4-88877-212-9